Jessica Meléndez

I0457792

Universidad Planeta Tierra

El Arte de Vivir Desde tu Verdad

Por Jessica Meléndez
Fundadora de ESCANVI Services
Hipnoterapeuta Clínica y Transpersonal Certificada
PMP® | Liderazgo Consciente y Sanación Emocional

www.escanviservices.com
@escanviservices.jessica

ESCANVI Press

Copyright © 2025 por Jessica Meléndez

Todos los derechos reservados. Ninguna parte de esta publicación puede ser reproducida, almacenada en un sistema de recuperación ni transmitida de ninguna forma ni por ningún medio, ya sea electrónico, mecánico, fotocopia, grabación u otro, sin el permiso previo por escrito de la editorial.

Primera Edición: Julio 2025
Publicado por ESCANVI Press
Orlando, FL
www.escanviservices.com

ISBN: 978-1-968313-02-9

Todo el material de este libro se presenta de buena fe con fines orientativos generales y no se acepta ninguna responsabilidad por pérdidas o gastos ocasionados al seguir la información proporcionada. En particular, este libro no pretende reemplazar el asesoramiento médico o psiquiátrico profesional. Está destinado únicamente a fines informativos y para su uso y orientación personal. No debe considerarse un sustituto del consejo médico profesional. Se recomienda buscar asesoramiento profesional si así se desea antes de iniciar cualquier programa relacionado con la salud.

Dedico este libro con amor a mi hijo—Gracias infinitas por elegirme como tu madre. Tu presencia me hizo elevarme.

Tu fuerza me dio valor. Tu alma sigue elevando e inspirando la mía. Eres mi mayor maestro.

A mi yo más joven—Ahora te veo. Te creo. Te amo. Nunca tuviste que ganarte tu valor. Siempre fuiste, y ya eras, luz.

Y cada alma que encuentra estas páginas—Esto es para ti. Para las partes de ti que se sintieron demasiado, demasiado tiernas, demasiado extrañas. Para los momentos en que dudaste de tu magia. Para las veces que casi te rendiste.

Que este libro te recuerde: No estás solo. No estás roto. Estás convirtiéndote, encontrándote, floreciendo…

Y tú historia es medicina—para ti y para el mundo.

CONTENIDO

Agradecimientos

Un susurro antes de comenzar

Este no es un libro de texto.
Es un rastro de migajas.
Esparcidas con suavidad, intencionalmente—
Eneagrama, Diseño Humano,
Mapa de la Conciencia y más.

No me detendré a definirlas todas.
Ese no es el propósito aquí.

Son simplemente ecos de lo que me encontró
cuando estaba lista para ser encontrada.
Las llaves que abrieron puertas en mi sanación,
los susurros que despertaron algo antiguo en mis huesos.

Y así, las dejo aquí—
no como explicaciones, sino como invitaciones.
No como instrucciones, sino como chispas.

Si algo te llama—
déjate llamar.
Si una palabra brilla o se queda contigo,
síguela.
Si tu niño interior se asoma,
con los ojos bien abiertos de asombro,
déjalo guiar el camino.

Este libro es un mapa del tesoro,
y tú eres quien sostiene la brújula.
Confía en lo que te hala.
Deja atrás lo que no.

Pero ten esto claro:
Cada migaja que he dejado
fue colocada con amor,
para que algo en ti pueda recordar.

Prólogo: La semilla fue plantada

Este libro no comenzó como un libro.
Comenzó como un susurro.
Una migaja de pan.
Un instante que encendió algo vivo en mí y se negó a apagarse.

Fue durante un taller de fin de semana sobre el Eneagrama, dirigido por un profesor que dijo algo que aún resuena en mis células: **"Todos nacemos con tres lecciones centrales que aprender en esta vida. La Tierra es una universidad para el alma."**

Las presentó como un plan de estudios sagrado:

1. Aprender a amarte a ti mismo.
2. Disfrutar de tu vida.
3. Ser testigo y apreciar plenamente la belleza dentro y a tu alrededor.

Ese momento tocó una fibra tan profunda en mí que se sintió ancestral.
No solo entendí lo que decía: lo recordé.
Mi alma se encendió.

Por fin, alguien le puso palabras a lo que siempre había sentido, pero nunca había articulado del todo:

La vida no ocurre al azar. Es un currículo diseñado para tu evolución.

No venimos solo a sobrevivir.
Venimos a crecer. A sentir. A despertar. A encarnar la verdad.
Y si tenemos suerte— a amar con locura esta experiencia humana.

Otro descubrimiento, también de ese mismo fin de semana, me quitó otra capa.
Siempre me había identificado como Esencia 8—la Luchadora, la fuerte, la protectora.
Pero algo no encajaba del todo.
Y en esa sala, con todas mis máscaras al descubierto, descubrí que, en lo más profundo, realmente no era un 8.
Era un 4.

La Creadora.
La que siente profundamente.
La buscadora de autenticidad.

Había estado actuando como un 8 durante la mayor parte de mi vida—porque eso me mantenía a salvo. Eso me ayudó a sobrevivir. Pero ahora estaba lista, por fin, para suavizarme y rendirme ante la verdad de quien realmente soy. Y ese cambio lo transformó todo.

Ese mismo profesor que me presentó el Eneagrama también compartió una parábola que nunca olvidaré.

Me miró a los ojos y dijo:
"Eres como un águila que fue criada entre gallinas. Aprendiste sus maneras, viviste sus ritmos, y por un tiempo, olvidaste que naciste para volar. Pero ha llegado el momento. Es hora de recordar quién eres… y volar."

Sus palabras tocaron algo muy profundo en mí—no como juicio hacia mis orígenes, sino como un reconocimiento de cuán fácil es interiorizar las limitaciones del entorno en el que crecimos.

No había nada malo con las personas que me rodeaban; estaban haciendo lo mejor que podían, igual que yo.
Pero pasé años apagando mi luz, dudando de mi valor y tratando de encajar en lo que parecía seguro y familiar.

La verdad es que no vine a encajar.
Vine a elevarme.
¡Y tú también!

Todos venimos a este mundo con dones únicos.

Pero a veces, los olvidamos.
Nos adaptamos. Nos encogemos para sobrevivir.

Esa parábola no fue solo una metáfora para mi vida—fue una invitación del alma.
Una invitación a recordar mi verdad.
A dejar de vivir desde creencias prestadas que nunca fueron mías. Nunca se trató de culpar. Siempre se trató de recordar.

Descubrir que era un tipo 4 me dio algo que no sabía que necesitaba: permiso para sentir.
Permiso para crear.
Permiso para ser tierna, real, expresiva.

Por primera vez, dejé de ver mi sensibilidad como debilidad—y comencé a nutrir ese lado suave y artístico de mí, que había enterrado bajo la necesidad de sobrevivir.

Me recordó que mi poder no estaba en fingir ser fuerte.
Estaba en vivir como mi yo verdadero, con el corazón abierto.

Ese fin de semana del Eneagrama fue la semilla.
Pero no fue la única migaja que el Universo dejaría caer.

Meses antes, durante una sesión de Constelaciones Familiares, escuché una pregunta que cambiaría mi vida.

Alguien en la sala buscaba claridad, y la facilitadora preguntó casualmente:
"¿Cuál es su Diseño Humano?"

Nunca había escuchado ese concepto.
Pero algo dentro de mí se activó.

"Jessica, guárdalo en tu banco de datos. Búscalo después", pensé.

Pero lo que removió algo profundo en mí durante esa sesión no fue la pregunta en sí, sino la revelación que vino después:
Desde mi infancia, había estado cargando una rabia reprimida.
Una rabia que no sabía que existía, porque nunca me sentí lo suficientemente segura como para sentirla.

Ese momento me permitió finalmente nombrar lo que había estado atrapado en mi cuerpo durante décadas.
No tenía que quedarme en silencio.
No tenía que cargarlo sola.

Esa sola revelación creó una onda expansiva—una puerta que más tarde atravesaría en hipnoterapia, donde comenzarían capas más profundas de sanación.

Era la noche del Equinoccio de Otoño, 22 de septiembre de 2023.
Aún estaba en el mundo corporativo.
Aún actuando.
Aún forzando una vida que ya no me quedaba.

Pero seguí el llamado.
Y fue entonces cuando descubrí algo que lo cambiaría todo:
Soy una Proyectora con Autoridad Proyectada Del Ser.

En ese momento, no entendía del todo lo que eso significaba.
Así que comencé a aprender.

El Diseño Humano es un sistema espiritual y energético que combina astrología, el I Ching, el sistema de chakras y la física cuántica. Revela el plano de tu alma—cómo está diseñado tu campo energético para moverse por el mundo.

Hay cinco tipos principales en Diseño Humano:

• **Generadores:** los energizadores, están aquí para construir y se iluminan al hacer lo que aman.

• **Generadores Manifestantes:** multifacéticos veloces que florecen al seguir la alegría no lineal.

• **Manifestadores:** los iniciadores, audaces e independientes.

• **Reflectores:** los espejos de la sociedad, profundamente sensibles y sintonizados con la energía colectiva.

• **Proyectores:** los guías, que no están aquí para hacerlo todo, sino para ver el panorama completo, ofrecer sabiduría y dirigir la energía en vez de generarla.

Cuando supe que era Proyectora, todo tuvo sentido.
El agotamiento. Los colapsos emocionales.
El cansancio profundo después de intentar seguir el ritmo de un mundo que premia la producción por encima de la presencia.

No estoy aquí para forzar. Estoy aquí para ver, guiar y hablar—desde la verdad más profunda de quien soy.

Y mi autoridad—Proyectada Del Ser—significa que vine a liderar desde mi identidad. Desde mi verdad.
No desde la lógica, ni la presión, ni los "debería", sino desde la voz clara de mi alma.

El Universo me había estado dejando migajas todo el tiempo.

Primero, el Eneagrama tipo 4—recordándome que no vine a ser fuerte, enmascarada ni a actuar…

Vine a sentir profundamente, a expresarme, a vivir como mi yo auténtico.

Luego, el Diseño Humano—mostrándome la arquitectura energética de quien realmente soy.
Que no vine a desgastarme ni a perseguir lo que no me corresponde.
Vine a esperar reconocimiento—vivir en mi verdad, brillar auténticamente, y permitir que las personas y oportunidades correctas me encuentren cuando estén alineadas.

En Diseño Humano, esa es la estrategia del Proyector: no forzamos. Esperamos ser vistos.
Cuando alguien realmente nos reconoce—nuestra presencia, nuestra sabiduría, nuestra frecuencia—es cuando la magia fluye.

Cada migaja era sagrada.
Cada una me acercaba más al recuerdo.
Más cerca de mi esencia.

Ahí comenzó el cambio—no desde la presión externa, sino desde el permiso interno.

Dejé de preguntar: *"¿Qué debo hacer?"*
Y comencé a preguntar: *"¿Quién he venido a ser?"*

Ahí supe: este libro tenía que nacer.

Porque nadie nos enseña esto.
Nadie nos enseña a vivir alineados.
A honrar nuestra energía.
A sentir, a amar, a volver a nosotros mismos.

Todos estamos inscritos en la Universidad Planeta Tierra—
pero nadie nos entrega el plan de estudios.

Este libro es el plan de estudios que yo hubiese querido tener.

Un recordatorio de que tus emociones importan.
Tu diseño importa. Tu historia, tu ternura, tu soberanía—
todo importa.

Esto no es solo un libro. Es un recordatorio.

Bienvenido a la Universidad.
Tu alma ya se matriculó.
Ahora empecemos a recordar por qué viniste.

Introducción

Bienvenido a la Universidad en la que no sabías que te habías inscrito

Nadie te entrega un plan de estudios al nacer. No hay semana de orientación. No hay mapa. No hay consejera que te guíe paso a paso por los requisitos del curso.

Pero no te equivoques—si estás leyendo esto, ya estás inscrito.

Bienvenido a la Universidad Planeta Tierra.

Donde las lecciones se disfrazan de rupturas, despertares, agotamiento, enfermedad, amor, pérdida, traición, gozo, duelo, sincronías y segundas oportunidades.

Donde tu alma te inscribe en clases que no elegiste conscientemente—pero que absolutamente necesitabas.

Donde el diploma no es un título ni un trofeo,
sino el día en que finalmente dices:
"Este soy yo—y no me voy a abandonar nunca más."

Viniste a la Tierra por una razón.
No solo para sobrevivir—sino para recordar.

Este libro no es un manual.
Es un espejo.
Un recordar.
Un plan de estudios sagrado, escrito no con tinta, sino con alma.

No estás aquí para arreglarte. Estás aquí para recordarte.

Como la marea que regresa a la orilla—tu verdad nunca se fue, solo esperaba. No estás roto. Estás despertando.
Como la luz del amanecer entrando por una rendija—sutil, pero innegable.

No eres demasiado. Eres sagrado.
No estás perdido. Estás volviendo a ti.

Escribí este libro no desde un lugar de perfección, sino desde la espiral de sanación. Desde las trincheras. Desde la ternura. Desde las cimas que he alcanzado arrastrándome desde los valles.

Es un mapa—pero no con direcciones rígidas. Es una invitación. A sentir. A recordar. A regresar a ti.

Conocerás a una versión más joven de mí: la niña que sobrevivió lo que no debió; la mujer que intentó construir una vida desde el rendimiento y el dolor; y el alma que finalmente dijo: **"Hasta aquí."**

Leerás historias. Recibirás herramientas. Se te invitará a reflexionar. Pero, sobre todo, se te invitará a reconectarte con tu propio plan de estudios sagrado.

Esto es para los buscadores. Los sensibles. Los que siempre supieron que había algo más. Los que ya no quieren fingir. Los que están listos para vivir alineados.

Si ese eres tú—¡bienvenido! La clase ha comenzado.
Y esta vez, eres maestro y estudiante, al mismo tiempo.

Empecemos.

Capítulo 1

Semana de orientación: ¿quién carajos soy y por qué me inscribí?

Antes de poder graduarte de cualquier universidad, necesitas presentarte a la orientación. Esa fase incómoda, a veces emocionante, a veces abrumadora, de iniciación donde nada tiene mucho sentido aún—pero sabes que algo está comenzando. De eso se trata este capítulo: la semana de orientación de tu alma.

Cuando nací, no sabía que me había inscrito en esta cosa llamada Escuela de la Tierra. Ninguno de nosotros nos acordamos. Pero llegamos: diminutos, vulnerables, llenos de códigos y posibilidades. Y luego la vida comienza a poner capa tras capa de lecciones—muchas veces sin un sílabo claro ni horario de oficina.

Respira.
Deja caer los hombros.
Permite que tu mente se ablande.

Este capítulo es sobre *sentir*.
No sobre arreglar. No sobre rendir. No sobre evitar.
Es sobre lo que ocurre cuando dejas de manejar tus emociones—y finalmente las encuentras, con todo el corazón.

Nací y crecí en Puerto Rico. Esa isla vibrante y compleja moldeó mis primeras experiencias con la belleza, la cultura y la sensibilidad. A los dieciséis años, mi familia se mudó a Orlando, Florida. Fue un choque cultural y un renacimiento, todo al mismo tiempo. Esa mudanza marcó la primera vez que realmente comencé a preguntarme quién era—y si pertenecía.

Luego de unos años, conocí a mi amor universitario y, nueve meses después de comenzar nuestra relación, supe que estaba embarazada. Fue uno de esos giros inesperados en la trama que te redirigen toda la vida. Nos casamos. Yo era joven, ambiciosa, y ya cargando el peso de "hacerlo bien." Construimos un matrimonio que duró 13 años y trajo al mundo a un hijo hermoso.

Cuando mi hijo tenía solo nueve meses, le diagnosticaron leucemia agresiva. El mundo se detuvo. El currículo se manifestó de golpe como modo de supervivencia. Milagrosamente, él sobrevivió. Pero apenas dos semanas después de su diagnóstico, a mi mamá le diagnosticaron cáncer. Tres meses después, falleció.

No pude estar presente con ella. Yo cuidaba de mi hijo en una habitación de hospital mientras ella moría en otra. Ese duelo no procesado se convirtió en una cicatriz profunda que cargué por casi una década.
Lo enterré bajo responsabilidades.
Lo enterré bajo rendimiento.
Lo enterré porque pensaba que eso era ser fuerte.

Eventualmente, el matrimonio terminó. Me divorcié después de 13 años, y con ese final llegó el lento comienzo de mi despertar. Salí con otras personas. Caí en un par de relaciones tóxicas. Aprendí, una y otra vez, lo que no era el amor.

Y luego llegó mi segundo matrimonio. Corto, intenso, kármico. Uno de esos laboratorios cósmicos donde los patrones no resueltos emergen rápido y con fuerza.
El campo relacional era denso—entrelazado en heridas antiguas, lealtades fracturadas y dinámicas que hacían la armonía casi imposible.

Entré en una familia ensamblada moldeada por apegos profundos y dolores no hablados, donde mi mera presencia interrumpía la ilusión de control.

Algunos lazos me resistían. Otros me abrazaban. Pero el terreno emocional era volátil, y por más amor que hubiera, no podía sostenerse lo que no estaba construido sobre respeto mutuo o preparación interna.

Fue una prueba sagrada de límites que por poco fallé—pero que al final aprobé cuando elegí priorizarme. Y para cualquiera que alguna vez se haya sentido invisible dentro del sistema familiar de otra persona—te veo. Yo viví eso. Y aún estoy aquí: entera y floreciendo.

Ese capítulo abrió una grieta. Sacó a la superficie una verdad que ya no podía ignorar: cuánto de mi vida había sido moldeado por tratar de ser lo que los demás necesitaban. Una versión altamente funcional de mí que lentamente se estaba apagando.

Pasé más de 24 años en ingeniería de construcción y gestión de proyectos. Era la fuerte. La capaz. La que lo sostenía todo.

Pero de forma silenciosa y persistente, seguía cambiando de trabajo—cada pocos años, como reloj.

Comenzaba entusiasmada, completamente comprometida, diciéndome: "Este sí es el bueno." Y luego, algo cambiaba. Aparecían las grietas. La desalineación hablaba.

Se hizo más evidente después de dejar mi primer matrimonio. Poco después, renuncié al trabajo del que pensaba retirarme.

Ahí comenzó el patrón. A partir de entonces, entré en un ciclo—cada dos años, conseguía un nuevo trabajo, me ilusionaba… y poco a poco me daba cuenta de que tenía que irme otra vez.

El patrón se volvió innegable: no era solo que cambiaba de roles. Era que trataba de seguir matriculada en una clase que mi alma ya había aprobado hace mucho—con honores.

Pero era demasiado terca para redirigirme. Seguía empujando. Y entonces, la vida empezó a hacerlo más difícil—más ruidoso, más incómodo—hasta que no tuve opción más que prestar atención, y girar.

Finalmente, escuché.
Me fui.
De los trabajos. De los matrimonios. De las máscaras.

Y por primera vez, me matriculé en el currículo real:
Amor Propio 101. Vivir en Alineación. Encarnar la Verdad.

Ya no me estaba evadiendo. Estaba comenzando a habitarme.

Así que, si estás aquí preguntándote quién eres y por qué viniste—bien. Estás exactamente donde necesitas estar.

La orientación puede ser caótica. Pero es sagrada.
No necesitas tener todo resuelto. Solo necesitas estar dispuesto a presentarte.
A notar los patrones.
A escuchar los susurros.
A admitir lo que ya no encaja.

Así es como comienza el currículo real.

Bienvenida a la Semana Uno. Empecemos.

En los próximos capítulos, caminaremos juntos—por el cuerpo, el corazón, la espiral de sanación, y de regreso a la alegría.

No solo vas a leer este libro. Vas a vivirlo.
No se trata de conceptos. Se trata de encarnar.
Se trata de recordar lo que siempre ha sido tuyo.

Capítulo 2

Sentimientos 101: reaprendiendo el lenguaje de la emoción

Debería haber una maldita advertencia al comienzo de esta clase: *"Sentir tus emociones puede causar colapsos espontáneos, claridad profunda, alegría inesperada, ira reprimida y momentos de recordar quién eres realmente."*

Porque la verdad es que a la mayoría de nosotros nunca nos enseñaron a sentir. Nos enseñaron a funcionar. A parecer bien. A ser amables. A actuar. Cómo esconder nuestra verdad para no incomodar a los demás.

Pero aquí va lo cierto: tus emociones no son el problema. Tus emociones son el portal.

No evitamos sentir porque somos débiles. Evitamos sentir porque nuestros cuerpos recuerdan lo que nuestras versiones más jóvenes nunca aprendieron a procesar, digerir, integrar. Y en algún momento, tu sistema nervioso decidió que era más seguro vivir en la mente que habitar el cuerpo.

En mi caso, esa desconexión comenzó temprano. Como tantas otras personas, viví traumas que dejaron huellas en mi cuerpo y en mi alma. Me disocié gran parte de mi infancia.

Si eso también es verdad para ti—detente aquí. Respira. Este capítulo no te apresura. Te encuentra justo donde estás. Tus emociones no son demasiado. Son el camino de regreso a casa.

Cuando quienes debían protegerte no lo hicieron, tu cuerpo recibe el mensaje: que la seguridad hay que fabricarla. Que el control es tu único refugio.

Así que aprendí a ser fuerte. Hiper-independiente. Excepcional. Capaz. Construí toda una identidad alrededor de ser inquebrantable. Siempre fuerte. Siempre capaz.

Pero por dentro, yo no estaba. Estaba emocionalmente desconectada—entumecida, pero funcional. No sabía cómo llorar. No sabía cómo descansar. No sabía cómo pedir ayuda.

Ni siquiera sabía cómo encontrarme debajo de todas las capas que había construido.

Y cuando diagnosticaron a mi hijo con cáncer—y dos semanas después, mi madre recibió la misma noticia—me cerré aún más. El tratamiento de mi hijo duraría seis meses. Mi madre solo logró vivir tres.

Vivía entre habitaciones de hospital, tratando de mantener a mi hijo con vida, mientras sabía que mi madre se estaba muriendo en otra. Enterré mi duelo tan profundo, que olvidé que lo llevaba dentro. Me repetía: "Sé fuerte."

Pensaba que sentir me haría desmoronarme. Así que no lo hice.

Hasta que la máscara se quebró. Hasta que la vida me entregó suficientes llamadas de alerta como para que ya no pudiera ignorar la verdad.

Sentir no me rompió.
Me salvó.

Pero algo eventualmente me atravesó.
Un momento que no esperaba—pero al que toda mi vida me había estado guiando. Uno de los puntos de giro más poderosos llegó durante una sesión de hipnoterapia.

Accedí a un terreno subconsciente que había evitado por años. Entré a la sesión entumecida, tensa, sin saber si sentiría algo. Pero al escuchar esas palabras, mi respiración se hizo más profunda.
Mi pecho se ablandó. Sentí que algo antiguo dentro de mí, por fin, se exhalaba.

Y lo que escuché me abrió en canal:

"Cuanto más liberas tus bloqueos, más luz dejas entrar.
Tus lágrimas son sagradas. Tus emociones importan.
Dile sí a la vida. Recuerda—eres magia."

Ese momento no fue solo emocional.
Fue alquímico.

Lloré.
No de dolor, sino de la belleza de volver a sentir.
Fue como si mi cuerpo susurrara: Gracias.

Esa sesión despertó a la versión de mí que estaba lista para regresar a casa.
La parte que por fin podía decir:
"Quiero estar aquí. Quiero sentir. Quiero vivir."

Así que este capítulo es una carta de amor a tu sistema nervioso. A esa parte de ti que eligió sobrevivir cuando no era seguro quedarse presente.

Tu sistema nervioso no te traicionó—te protegió.
Pero proteger no es lo mismo que estar en paz.
Y ahora, tu cuerpo está listo para un nuevo camino.

A ese cuerpo que sostuvo tu dolor mucho después de que tu mente lo olvidara.
A las emociones que no llegan para destruirte, sino para devolverte a ti.

No tienes que sentirlo todo de golpe. Solo tienes que dejar de huir de la verdad que vive dentro de ti.

Y si no sabes por dónde empezar, esto es lo que le digo a mis clientes:
Empieza con la respiración.
Agrega un poco de quietud.
Deja que tu cuerpo hable.
Deja que tus lágrimas fluyan.
Y sobre todo, no apresures el regreso.

Estás a salvo para sentir.
Tu cuerpo está esperando ser escuchado.
¿Estás listo para escuchar?

Este es el currículo real.
Aquí es donde comenzamos a recordar.
No solo lo que pasó—
sino quién eres debajo de todo eso.

Bienvenida a Sentimientos 101.

Pasemos lista.

Capítulo 2

Ejercicios de profundización e integración

Sentimientos 101: reaprendiendo el lenguaje de la emoción

Antes de comenzar, busca un espacio tranquilo donde puedas estar presente sin interrupciones. Recuerda que este es un momento sagrado contigo mismo—una reunión íntima, no una presentación. Puedes escribir tus respuestas en un diario, decirlas en voz alta o grabarlas como notas de voz. No hay forma correcta o incorrecta de hacerlo. Deja que tus respuestas fluyan con espontaneidad y honestidad, sin sobrepensarlas. Escribe o habla libremente, permite las pausas, siente tu cuerpo. Al terminar, toma un momento para releer o reflexionar sobre lo que compartiste: podrías descubrir nuevas capas de significado o verdades emocionales emergiendo.

Explora la desconexión

1. ¿Cuándo fue la primera vez que aprendí que no era seguro sentir?
    - ¿Qué emoción aprendí a esconder más?
2. ¿En quién me tuve que convertir para poder sobrevivir?
    - ¿Qué partes de mí quedaron atrás en ese proceso?
3. ¿En qué áreas de mi vida todavía me adormezco, me distraigo o ignoro mi propio cuerpo?

El cuerpo recuerda

4. ¿Qué me ha estado queriendo decir mi cuerpo últimamente y no he escuchado?

5. ¿Cuándo fue la última vez que lloré—y me sentí mejor o peor después?

6. ¿Cuál es mi relación con el descanso, la suavidad y la quietud?

El regreso

7. Si creyera que sentir mis emociones me llevará de vuelta a mí misma, ¿Qué me permitiría finalmente sentir?

8. ¿Cómo se vería dejar de desaparecerme de mí?

9. ¿Qué deseo sentir más en mi vida—no en teoría, sino en mi cuerpo?

Herramientas de integración para la reconexión

Utiliza este mini chequeo emocional cada vez que te sientas desconectado o abrumado.

1. Pausa. Coloca una mano sobre tu corazón o tu abdomen.
2. Respira lentamente por la nariz (contando hasta 4), y exhala por la boca (contando hasta 6), como si dijeras "ahhh." Repite este ciclo de respiración suave tres veces.
3. Pregúntate:

- ¿Qué estoy sintiendo en este momento?
- ¿Dónde lo siento en mi cuerpo?
- ¿Qué necesita de mí esta emoción?

No intentes arreglar nada. No juzgues. Solo sé testigo.

Práctica "Liberar para encontrar paz"

Un método suave y corporal para procesar emociones atascadas.

1. Encuentra un espacio seguro y tranquilo donde no te interrumpan.
2. Comienza con 3 respiraciones lentas.
3. Di en voz alta o en silencio:

   "Permito que aquello que he estado reprimiendo salga a la superficie. Ahora es seguro sentir estas emociones."

4. Coloca tu mano sobre la parte del cuerpo donde sientas la emoción más intensa.
5. Muévete, estírate, llora, tiembla, suspira—lo que tu cuerpo te pida. Permítelo.
6. Cuando la ola se suavice, di:
   "Honro lo que fue sentido. Suelto lo que ya no me sirve. Regreso a la paz."

Repite esta práctica cuantas veces lo necesites.
No se trata de "eliminar" la emoción, ni de "terminar" el proceso.
Se trata de abrirle espacio a la energía para que se mueva, se transforme y encuentre su cauce.

Capítulo 3

El laboratorio del placer: reclamando la alegría, la suavidad y la presencia sensorial

La mayoría de nosotros no crecimos aprendiendo que el placer era sagrado.
Nos enseñaron que era una recompensa.
Algo que había que ganarse—después del esfuerzo, la entrega, el sacrificio.

¿Pero qué pasaría si el placer no fuera algo que tienes que merecer?
¿Y si fuera algo a lo que simplemente puedes regresar?

La verdad es que recuperar la alegría y la suavidad después de una vida de supervivencia…es su propia forma de revolución.

Y para muchos de nosotros, el placer quedó enterrado bajo años de hiperdependencia, excelencia compulsiva, complacencia emocional y desconexión del cuerpo.

Eso fue cierto en mi caso.
Después de décadas actuando como la fuerte, sosteniéndolo todo, y construyendo una vida impecable en apariencia—
llegué a mi límite.
Mi sistema nervioso colapsó: hecho trizas.
Mi alma también: ondeando su banderita blanca de rendición.

Y cuando terminó mi segundo matrimonio—
una etapa corta, intensa, kármica, llena de laboratorios avanzados sobre el amor—me di cuenta: ya no podía seguir tercerizando mi alegría.

Ese fue el despertar final.
El fin del show.
El momento en que empecé a elegirme a mí.

Pero, en realidad, los susurros (esa vocecita sabia y suave por dentro) habían empezado mucho antes. Mi cuerpo llevaba tiempo intentando llamarme la atención, mucho antes de que yo estuviera lista para escuchar.

Mi historia: el momento en que mi cuerpo gritó más fuerte que mi mente

No me di cuenta de cuán lejos me había abandonado—hasta que mi cuerpo hizo que ignorarlo fuera imposible.
No susurró.
Rugió como una leona herida.

A través de vértigo, pérdida de audición y oleadas de incapacidad, exigió mi atención.
Y fue ahí cuando todo empezó a cambiar.

Hubo un punto en mi vida en el que ya no podía seguir ignorando mi cuerpo. Estaba perdiendo la audición. Tenía vértigo constante. Me diagnosticaron con la enfermedad de Ménière. Los ataques me dejaban completamente incapacitada. No podía ni abrir los ojos o moverlos sin provocar vómitos violentos. No podía caminar.

Pasaba horas completamente indefensa, postrada—hasta que mi cuerpo volvía a alinearse. En mis peores momentos, ni siquiera podía limpiarme. Esa era la realidad. Así de lejos me había desconectado de mí misma.

Los otorrinos—uno tras otro—me decían que no había cura. Uno incluso sugirió destruir el nervio del oído interno para "manejar los síntomas". Cada célula de mi cuerpo gritó: no.

Me recetaron ansiolíticos.
Otra vez: no.

Yo sabía que esto no se trataba solo del oído.
No tenía el lenguaje en ese momento, pero podía sentirlo:
mi cuerpo estaba gritando, y yo no estaba escuchando.

Mi primer intento de escapar de la cárcel corporativa—y del agotador show que había creado—fue en febrero de 2022. Había llegado al límite. Y algo dentro de mí simplemente dijo: vete. Así que me fui.

Terminé en San Antonio, Texas, en casa de una querida amiga. Ella me vio: en modo zombie, entumecida, perdida, confundida. Y me sugirió visitar a su terapeuta de neuroquinética.

Esa sesión fue el inicio de algo. Una chispa. Un respiro de libertad.

Comenzó a trabajar la tensión extrema en mi mandíbula.
Y durante la sesión, ocurrió algo que jamás olvidaré:

Tuve una liberación energética total, involuntaria.
La rabia, el duelo, la presión—todo lo que yo ni sabía que estaba cargando—encerrado en mi mandíbula derecha… se liberó. De golpe. Desapareció.

No tenía sentido para mi mente.
Pero mi alma lo supo:
esto es verdad.
Esto es libertad.

Ese momento me cambió.

¿Los síntomas? Se fueron.
¿La audición? Mejoró.
La historia que había vivido—que algo estaba mal conmigo—se rompió.

Porque por fin sentí—abrí mi cuerpo, y me encontré íntimamente con lo que tanto había evitado.

Ese día, dejé de actuar y empecé a escuchar.
A mi cuerpo. A mi corazón. A mi verdad emocional.

Pero esa primera fuga de la vida corporativa solo duró seis meses.
El miedo regresó.
Los viejos programas. La escasez. Los "¿y si…?".
Y antes de darme cuenta, había firmado de nuevo.
Volví.

No porque quisiera—sino porque el miedo todavía tenía voz.

La ilusión de seguridad me haló de nuevo. Un cheque a la vez.
Me quedé ahí otro año y medio antes de romper, esta vez para siempre.

Pero esa sesión neuroquinética había sembrado la semilla.
Había abierto la puerta a todo lo que vino después.
Ese día comencé a sentir y a apropiarme de mi camino.

Ya había dejado el matrimonio.
Y ahora, una vez más, dejé el trabajo.

Dejé atrás la historia que decía que mi valor dependía de lo que pudiera producir.

Y por primera vez en mi vida adulta, me pregunté:

¿Qué se siente ser suave?
¿Qué significa estar viva en este cuerpo—no solo funcional, sino libre?
¿Qué me da alegría?

Fue como aprender a respirar de nuevo.

Recuerdo salir a almorzar sola, solo para ver la luz del sol caer sobre la mesa.
Recuerdo quedarme en la cama sin alarma, solo porque podía.
Recuerdo salir a caminar sin audífonos, dejando que la brisa me tocara la piel como una oración.

Al principio fue incómodo. Incluso, culposo.
Pero con el tiempo, se volvió nutritivo.
Y luego... se volvió necesario.

El placer, para mí, se convirtió en un portal.
No solo hacia la alegría, sino hacia la encarnación.
No solo hacia lo sensual, sino hacia la verdad.

Y eventualmente, me llevó de vuelta al corazón.

Porque la suavidad no es solo una sensación—es una frecuencia.
La alegría no es solo emocional—es espiritual. Es conciencia.

El cuerpo abrió el camino, pero fue el corazón quien abrió la puerta.

Porque cuando te permites sentir placer, te permites ser real. No necesitas permiso para experimentar belleza, descanso o dicha. Solo necesitas recordar que eres digno de ello.

Siempre lo fuiste.

Así que si este capítulo te parece ajeno, incómodo o hasta un poco indulgente… bien. Eso significa que estás en el umbral de recordar algo sagrado.

Esta es la parte del currículo en la que no solo procesas el pasado—reclamas el presente.
Le das la bienvenida, otra vez, al gozo.

Estás permitido de sentirte bien.
Estás permitido de estar vivo.

Ahora, pregúntate:

¿Qué formas de placer me niego… y por qué?

Capítulo 3

Ejercicios de profundización e integración

Preguntas reflexivas: volver al placer

Para prepararte para esta práctica, busca un espacio tranquilo y sin interrupciones donde puedas sentirte seguro y plenamente presente. Recuerda que este es un momento sagrado contigo mismo—una *reunión*, no una *actuación*.

Puedes usar un diario, hablar en voz alta tus respuestas o incluso grabarlas como notas de voz. No hay una forma correcta o incorrecta de hacerlo. Permite que tus respuestas fluyan de manera espontánea y honesta, sin sobrepensarlas. Escribe o habla libremente, permite pausas, siente tu cuerpo mientras lo haces.

Al finalizar, tómate un momento para releer o reflexionar sobre lo que compartiste: puede que surjan nuevas capas de significado o verdades emocionales que estaban debajo de la superficie.

Ahora, pregúntate:

1. ¿Cuándo fue la última vez que sentí una alegría verdadera, profunda, de alma?
2. ¿Qué formas de placer me niego a mí mismo—y por qué?
3. ¿Qué partes de mí creen que tengo que ganarme el descanso, la suavidad o la belleza, en lugar de reclamarlos como un derecho divino de nacimiento?
4. ¿Cómo se vería recibir placer sin culpa?
5. ¿Cómo responde mi cuerpo cuando me detengo y respiro?
6. ¿Qué tipo de experiencias me hacen sentir más vivo?
7. ¿Qué rituales diarios me dan una sensación de presencia o paz?
8. Si dejara de actuar para los demás, ¿qué tipo de vida crearía?

Ritual de placer: el sagrado sí

El propósito de este ritual es reconectarte con tu cuerpo y reclamar la suavidad, la presencia y la alegría que son tu derecho divino de nacimiento.

Lo que necesitarás:

- un espacio cómodo y silencioso
- una vela, una tela suave, un aceite esencial o cualquier cosa que evoque belleza
- un diario o una hoja de papel

Pasos para crear tu ritual de placer:

1. **Prepara el espacio.** Atenúa las luces. Enciende tu vela. Pon música suave si lo deseas.
2. **Habita tu cuerpo.** Coloca una mano sobre tu corazón y la otra sobre tu vientre. Respira profundo y lento tres veces. Escucha y siente cómo tu precioso cuerpo humano es respirado—sin esfuerzo.
3. **Pregúntate:** "¿Qué deseo sentir en este momento? ¿Qué desea mi cuerpo ahora mismo?"
4. **Permítete seguir las respuestas con suavidad**—ya sea estirarte, acostarte, bailar, tomar té o simplemente respirar.
5. **Susurra o escribe esta frase:** "Se me permite sentirme bien. Se me permite recibir. Se me permite ser suave."
6. **Cierra el ritual con gratitud.** Agradece a tu cuerpo por estar presente. Agradece a tu alma por haberte traído hasta aquí.

Repite este ritual cada vez que te sientas desconectado de la alegría. Permite que se convierta en un acto sagrado de recuerdo:

No viniste aquí solo a sobrevivir—viniste aquí a *sentir.*

Capítulo 4

Clase de apreciación de la belleza: ver lo divino en lo cotidiano

Llega un punto en todo viaje de despertar en que la sanación cambia.

Ya no se trata solo de reparar lo que está roto—
Se convierte en aprender a ver lo que siempre fue hermoso.

Este es ese momento.

La belleza no es frivolidad. No es decoración. No es un crédito extra en la boleta de tu alma.
La belleza es medicina.
Es una frecuencia que te afina con tu propia integridad.

Y cuando aprendes a verla—en lo cotidiano, en lo desordenado, en ti—toda tu vida comienza a florecer.

Pero muchas veces hace falta una ruptura para ver la belleza con claridad.

Para mí, ese momento llegó el 20 de octubre de 2023.
Era mi primera vez escalando Bell Rock, en Sedona, Arizona.

Apenas una semana antes—el 13 de octubre—había dado un salto de fe: dejé atrás mi vida como ingeniera y líder corporativa.
Me quité la máscara.
Le dije "sí" a lo desconocido.

Aquella escalada no fue solo física—fue espiritual.
Esa semana estaba en un retiro, viviendo en espacio sagrado junto a un grupo de almas hermosas—incluyendo a varios hombres que eran esposos de mujeres poderosas y de corazón abierto. Su presencia en esa montaña fue parte de mi sanación.

Durante años, había cargado heridas subconscientes ligadas a la energía masculina—raíces de trauma, traición, control y ausencia emocional. Pero en esa subida, sentí que algo se movía.

Estaba siendo mirada, no juzgada. Sostenida, no corregida.
La subida se volvió más difícil cuanto más alto íbamos.
Mi mente comenzó a acelerarse.
Mis pensamientos se volvieron en mi contra—
«No eres lo suficientemente fuerte. Esto es demasiado. Date la vuelta.»

Pero no estaba sola.

En las pendientes más empinadas, los hombres tendieron sus manos. Entrelazaron sus dedos y me sujetaron por las muñecas, tirando de mí cuando creía que no podía avanzar más. Y no solo ofrecieron fuerza—ofrecieron presencia.

Con cada tirón, me dieron más que impulso.
Me dieron palabras de afirmación.
Me ofrecieron aliento.
Compartieron su energía masculina enraizada—constante, reverente, inquebrantable.

Su apoyo no fue solo físico.
Fue emocional.
Energético.
Multidimensional.

Con cada paso, ascendía no solo en elevación—sino en verdad.

Fue un crescendo—de confianza, de entrega, de recordar lo que se siente ser sostenida sin ser dominada.
Mi alma…
Mi alma tenía algo más que decir.

Seguí avanzando. Y cuando me acerqué a la cima del cerro, me quedé de pie en quietud, contemplando el valle abajo.
Y entonces sucedió:

Un grito desgarrador brotó de mi cuerpo—
Primal, crudo, sagrado.
Venía de las profundidades de mi ser.
Era rabia. Era opresión.
Eran años de vergüenza corporal, de traición a mí misma, de silenciarme y encogerme.
Era liberación—no bonita, no pulida, pero real.

Décadas de presión, perfeccionismo, y de contenerlo todo—se fueron.

Sentí que la Tierra me sostenía.

Y no estaba sola.

Los mismos dos hombres hermosos y equilibrados que me habían ayudado a escalar—que habían sujetado mis muñecas y tirado de mí en las partes más empinadas—ahora estaban

cerca.
Fuertes. Presentes. Sintonizados.

No intentaron arreglarme.
No interrumpieron ni apartaron la mirada.
Fueron testigos.

Sostuvieron un espacio sagrado para que pudiera tener mi momento.
Para que pudiera liberar décadas de dolor con seguridad.
Para que mi alma pudiera recordar lo que se siente al ser sostenida, no controlada.

Ese recuerdo… esa frecuencia… dejó una huella profunda en mí. Instaló un nuevo código de lo que la seguridad podría sentirse de ahora en adelante.

Sentí que mi alma se expandía.
Veía belleza en todas partes.
Y la verdad es que siempre había estado ahí.
Simplemente yo había estado demasiado blindada, demasiado ocupada, demasiado asustada para notarlo.

Desde aquel día, hice de notar la belleza una devoción diaria—no en los grandes gestos, sino en lo sutil.

Comencé a encontrarla en el vapor que se eleva de mi té por la mañana, en la curva de una rama alcanzando el cielo, en la risa inesperada de un desconocido, e incluso en el sonido de mi propia respiración.

Estos pequeños momentos se volvieron sagrados.
Me recordaban que la vida siempre ofrece suavidad—si tan solo estoy dispuesto a verla.

Porque cuando reconoces la belleza,
recuerdas que eres parte de ella.
La belleza no es algo que se gana.
Es algo que se nota.
Es algo que se recibe.

Y cuando ves la belleza, recuerdas: *"Si este momento puede ser sagrado… tal vez yo también pueda serlo."*

Capítulo 4

Ejercicios de profundización e integración

Preguntas reflexivas: la belleza entre líneas

Para prepararte para esta práctica, busca un lugar tranquilo y sin interrupciones donde puedas sentirte seguro estando plenamente presente. Recuerda que este es un tiempo sagrado contigo mismo: un reencuentro, no una actuación. Tal vez quieras usar un diario, decir tus respuestas en voz alta o incluso grabarlas como notas de voz. No existe una forma correcta o incorrecta de hacerlo. Deja que tus respuestas fluyan de manera espontánea y honesta, sin sobrepensar. Escribe o habla con libertad, permite las pausas, siente tu cuerpo. Cuando termines, tómate un momento para releer o reflexionar sobre lo que compartiste: puede que notes nuevas capas de significado o verdades emocionales que salgan a la superficie.

Ahora, pregúntate:

1. ¿Qué encuentro hermoso que a menudo paso por alto?
2. ¿Cuándo fue la última vez que sentí asombro?

3. ¿Qué me impide ver la belleza que hay a mi alrededor o dentro de mí?
4. ¿Cuándo fue la última vez que me permití ser visto en mi verdad?
5. ¿Qué significaría vivir en devoción a la belleza?
6. ¿Cómo definía la belleza cuando crecía—y qué quiero que signifique ahora?
7. ¿Qué cambiaría si viviera la vida como si todo fuera sagrado?

Ritual de observación de belleza: practica sagrada de 5 minutos

Este hermoso ritual puede ayudar a reprogramar tu sistema nervioso de una manera que apoye una mayor apertura a la presencia, la suavidad y el asombro.

1. Busca un lugar tranquilo—ya sea al aire libre o cerca de una ventana.
2. Respira profundamente tres veces. Suaviza tu mirada.
3. Escanea lentamente tu entorno y nombra en voz alta cinco cosas que encuentres hermosas. Puede ser la luz, una forma, una textura, un sonido, un recuerdo o incluso la quietud.
4. Permite que cada momento aterrice. Respíralo.
5. Cierra los ojos y susurra: "La belleza vive en mí, y estoy aprendiendo a ver de nuevo."

Repítelo a diario, especialmente cuando la vida se sienta apagada, entumecida o pesada. La belleza siempre está hablando. Deja que este ritual te ayude a escuchar un poco más profundamente, para que puedas oírla y recibirla con amor.

Bienvenida a la Clase de Apreciación de la Belleza. Ya pasaste la prueba. Solo olvidaste que estabas hecho de todo lo hermoso.

Capítulo 5

Anatomía de la alegría: sanar a través del placer, el juego y la presencia

Llega un momento en tu sanación en que la respiración se vuelve lenta.
El cuerpo se suaviza.
El dolor se transforma en vitalidad.

Este es ese capítulo.

Hay un instante en la sanación en que el duelo se ablanda.
Las historias se desvanecen.
Y una pregunta silenciosa surge desde dentro:
¿Y ahora?

Durante mucho tiempo pensé que la respuesta tenía que ser más sanación. Más trabajo de sombras. Más excavación. Más arreglar. Pero eventualmente me di cuenta—ese bucle nunca termina. La búsqueda constante de reparación puede convertirse en su propia jaula.

En algún punto, no necesitamos ir más profundo.
Necesitamos ir más ligero.

Lo sabrás de manera intuitiva cuando ese cambio esté listo para suceder— cuando tu cuerpo, tu espíritu y tu alma ya no te pidan excavación, sino expansión. Sabrás dónde estar cuando te sintonices con tu propio guía interno: esa brújula sagrada en el núcleo de tu ser.

Ahí es donde vive la alegría.

No la alegría performativa.
No la que sonríe mientras duele.
No la filtrada para Instagram.

Hablo de la alegría real—la que llega de repente, brota desde dentro y te sorprende en los momentos más ordinarios.
La que te recuerda que no solo estás sobreviviendo…
¡Estás vivo!
La alegría es la frecuencia de la presencia. De la suavidad. Del ahora.

No es frívolo—es esencial.
La alegría reprograma tu sistema nervioso para la seguridad.
La alegría le recuerda a tu cuerpo que tiene permiso de sentirse bien.
La alegría te muestra que ya no estás atrapado en el ciclo del trauma—has entrado en el ciclo de la vitalidad.

El ciclo del trauma es supervivencia.
El ciclo de la vitalidad es presencia.
Es cuando dejas de estar en guardia contra la vida y empiezas a bailar con ella.

Después de décadas de hipervigilancia, de complacer a los demás y de vivir en modo desempeño, la alegría me parecía peligrosa. Me resultaba extraña. Como algo que otras personas podían permitirse… pero yo no.

Pero mientras más bajaba el ritmo—mientras más me permitía sentir y notar—más me encontraba la alegría. No en grandes gestos o momentos cuidadosamente planeados, sino en lo callado, lo sutil, lo que pasa desapercibido:
Llegó mientras bailaba sola en mi cocina, música alta, corazón abierto.

Llegó en la forma en que me reía sola de mis propios pensamientos mientras cocinaba.
Llegó con el viento rozando mi mejilla, juguetón y suave.

Llegó al ver una nueva hoja brotar en mi higuera aún tierna.
Llegó cuando los pájaros recogían ramitas y agujas de pino de mi jardín para construir su nido: un hogar tejido a partir del santuario que yo había creado para mí.
Llegó en conversaciones inesperadas con desconocidos durante mis viajes—almas que de alguna manera se convirtieron en amigos en cuestión de un instante.

La alegría se coló por las grietas.
Llegó en la quietud.
Llegó cuando dejé de perseguir la sanación y empecé a vivir.

Y en 2024, me di un regalo que siempre había pospuesto:
Dejé que la alegría guiara e inspirara el itinerario.

Dediqué el año a viajar.
A caminar. A vagar.
A dejar que mi cuerpo me llevara por paisajes que solo había visto en sueños.

Regresé a Puerto Rico y caminé en silencio por las calles de mi niñez. Nadie sabía que estaba allí. Fue una peregrinación de presencia. No fui para ser vista—fui para ver.

En cuanto regresé, el Universo volvió a susurrarme—esta vez con una invitación a Colombia. Colombia me recordó lo vivo que puede sentirse el color. Cómo la vibración habita en el aire y en el ritmo de su gente.

Me devolvió a la vida a través del ritmo.
Me recordó que la alegría no siempre es silenciosa—puede moverse, latir y cantar.

Luego vino un viaje en solitario a Turquía—una tierra que se sentía como una conversación entre opuestos. Antigua y moderna. Espiritual y sensual. Turquía fue una danza. Un recordar.

En esa danza, recordé cómo expandirme hacia un espacio que permite y celebra sostener los opuestos: podía ser sagrada y sensual. Enraizada y salvaje.
Turquía me ayudó a dejar de elegir— y empezar a convertirme…

Japón me sostuvo en ritual sagrado y quietud. Cada paso era ceremonia. Cada detalle, devoción.

Me desaceleró hasta la frecuencia de la reverencia.
Recordé que la atención plena es una forma de amor.

Y Egipto… Egipto me inició en un recuerdo que no podía poner en palabras.
Esa tierra guarda memoria en sus piedras. Historias sagradas en su arena.

No solo la visité—regresé.
Egipto no solo me despertó—me inició.
Sentí que lo antiguo se agitaba en mis huesos.
Como si la tierra hubiera estado esperando que recordara quién era.

Terminé el año en una ciudad que había visto muchas versiones de mí: Barcelona. Un lugar que visité en mi primer matrimonio. Luego, otra vez, durante mi primer año sabático—un tierno intento de vivir en alineación.
Esta vez, se sintió diferente. No estaba intentando escapar ni demostrar nada. Simplemente estaba allí. Entera. Presente. Yo.

La ciudad no había cambiado.
Yo sí.

Cada lugar se convirtió en un espejo sagrado.
Cada paseo, una conversación con mi alma.
Y, en medio de todo, sané—
no porque estuviera intentando hacerlo,
sino porque por fin hice espacio para **vivir**.

La alegría estaba en los amaneceres sobre tejados desconocidos.
La alegría estaba en mi respiración mientras recorría calles

antiguas.
La alegría estaba en el silencio. En el permiso. En el regreso.
Después de años de sostenerlo todo…
esta era yo—sin ataduras, sin máscaras, libre.

Muchos de nosotros creemos que tenemos que estar completamente sanados para sentir alegría.
Pero, ¿y si fuera al revés?

¿Y si la alegría fuera lo que nos **ayuda a sanar**?

La alegría no es lo opuesto a la profundidad emocional o espiritual—es su expresión.

Cuando has tocado tu dolor, abrazado tu duelo, enfrentado tus patrones—la alegría se convierte en una reclamación.
Un acto radical. Una oración viva.

No es negación.
Es declaración.

"He sobrevivido lo suficiente. Ahora elijo la alegría."

Que esto sea tu pase de permiso.
Para reír sin disculpas.
Para jugar sin culpa.
Para vivir sin esperar.

Bienvenido a la Anatomía de la Alegría.
Deja que te atraviese.
Deja que te pertenezca.
Deja que te recuerde que siempre estuviste destinado a sentirte así de libre.

No necesitas un boleto de avión.
No necesitas permiso.
Solo necesitas este momento.

Esta es tu alegría.
Bienvenido a casa.

Capítulo 5

Ejercicios de Profundización e Integración

Preguntas reflexivas: reclamando la alegría

Para prepararte para esta práctica, busca un lugar tranquilo y sin interrupciones, donde puedas sentirte seguro estando plenamente presente. Recuerda que este es un tiempo sagrado contigo mismo: una reunión, no una actuación.

Puedes usar un diario, decir tus respuestas en voz alta o incluso grabarlas como notas de voz. No hay una forma correcta o incorrecta de hacerlo. Deja que tus respuestas fluyan espontánea y honestamente, sin sobrepensar. Escribe o habla libremente, permite las pausas, siente tu cuerpo.

Cuando termines, tómate un momento para releer o reflexionar sobre lo que compartiste: podrías notar nuevas capas de significado o verdades emocionales emergiendo a la superficie. Ahora, pregúntate:

1. ¿Cómo se siente la alegría en mi cuerpo?
2. ¿Cuándo fue la última vez que experimenté alegría sin culpa?

3. ¿Qué creencias sigo sosteniendo sobre que la alegría es egoísta, peligrosa o "demasiada"?
4. ¿Qué momentos de juego de mi infancia anhelo recrear?
5. ¿Cómo sería priorizar la alegría esta semana, incluso en pequeñas formas?
6. ¿Dónde ya vive la alegría en mi vida y no la he reconocido plenamente?
7. Si la alegría fuera mi brújula, ¿a dónde me guiaría ahora?

Ritual de activación de la alegría: cambio energético de 3 minutos

Pon una canción que haga que tu cuerpo quiera moverse. Deja de lado cómo se ve. Muévete sin restricciones. Sacude. Estírate. Ríe.

Cierra los ojos. Sonríe de adentro hacia afuera.
Di en voz alta: *"Es seguro para mí sentir alegría. Soy digno de deleite. Elijo la vida."*

Repítelo tantas veces como sea necesario.
La alegría no necesita una razón. Solo necesita tu presencia.
Y ahora mismo… ya eres suficiente para recibirlo todo.

Registro de alegría: práctica de 7 días para recordar

Esto no se trata de perfección. Se trata de presencia.

Durante los próximos 7 días, registra un momento de alegría cada día. Puede ser algo sutil: una brisa en tu mejilla, un sorbo de café, una canción, una sonrisa, una risa.

Ejemplo de formato (puedes escribirlo o dibujarlo):

Día	**Momentos de Felicidad**	**Cómo se sintió en mi cuerpo**
1		
2		
3		
4		
5		
6		
7		

Que esto te sirva de recordatorio: **La alegría vive en el arte de notar.**
Permítete sorprenderte.

Crea tu lista de alegría

La música es medicina.
Contiene memoria, frecuencia, emoción y activación.

Tu misión:
Crea una lista de alegría que mueva tu energía hacia la vitalidad. Sin reglas. Que sea rara, salvaje, nostálgica, sensual, divertida… **tuya.**

Algunas ideas para comenzar:
¿Qué canciones me hacen bailar sin pensar?
¿Qué música me recuerda a la libertad?
¿Qué canciones amaba antes de que el mundo me dijera quién debía ser?

Ponle a la lista un nombre juguetón o sagrado.
Regresa a ella cuando olvides quién eres.

Esto no se trata de exaltación. Se trata de volver a casa.

Capítulo 6

Recordando la magia: del colapso a la elección

Toma una respiración profunda.
Hemos viajado a través del duelo, el placer, la belleza y la alegría.

Ahora llegamos al momento en que todo cambia—
no por esfuerzo, sino por una elección consciente y empoderada.

Hay un instante en el camino de sanación en que todo se suaviza. No porque todo esté resuelto, sino porque finalmente dejas de luchar contigo mismo. Dejas de contener la respiración. Dejas de empujar. Dejas de fingir. Y comienzas a recordar.

Ese recordar no siempre llega con suavidad. A veces se presenta como un susurro—un llamado sagrado que te dice: *Vuelve a casa.* Pero otras veces irrumpe como una tormenta: destrozando cada ilusión que construiste solo para sobrevivir.

Para mí, comenzó con un colapso.

Fue durante mi segundo matrimonio. Teníamos un plan. Una hoja de cálculo. Un mapa financiero.
Cada celda contabilizada. Cada fórmula diseñada para la libertad.

Pero no era un mapa de ruta.
Era una prisión hecha de lógica.
Una jaula envuelta en certeza.
Y mi alma se estaba asfixiando, atrapada y comprimida entre las filas y columnas.

No era una víctima. Yo había aceptado—consciente o inconscientemente—cada parte de ello. Cada celda de esa hoja de cálculo formaba parte de la lección. Y cada alma que caminó a mi lado desempeñó su papel a la perfección.

Los números tenían sentido.
Pero mi alma no se sentía segura.
No hubo abuso. Ningún agravio evidente. Solo se sentía… mal. Desalineado. Desconectado de la verdad.

Había construido una vida que lucía bien en el papel, pero que traicionaba a mi ser más esencial, el núcleo de quien soy.

¿Y la parte más dolorosa? Que ayudé a levantar la misma jaula en la que me sentía atrapada. Y luego me convencí de que debía estar agradecida por ella.

En voz baja, con un susurro desesperado, me repetía: *Puedes hacerlo funcionar. Solo sigue el plan. Aférrate al cronograma.*
Pero en lo más profundo sabía: estaba dejando en visto a mi alma. Otra vez.

Y entonces… el mundo que conocía se hizo trizas y se disolvió frente a mis propios ojos.

Llegó el COVID. Los sistemas en los que había confiado se derrumbaron de la noche a la mañana. Mi carrera dejó de tener sentido. Mi matrimonio se deshizo. La ilusión se rompió.

Y lo que vi… no pude dejar de verlo.

Vi cómo las personas se volvían unas contra otras por miedo. Fui testigo de la fractura de familias—cómo, en medio de tanta discordia, simplemente se desmoronaban. Vi a las instituciones y a las carreras en las que había invertido mi energía mostrar su verdadera naturaleza: condicional, vacía, performativa.

Me estaban pidiendo traicionar a mi cuerpo, mis valores y mi verdad… solo para conservar un trabajo. Y finalmente dije:

"¿Qué es esta tontería?"
"Ya basta."

Me salí.

No solo de un trabajo o de un matrimonio, sino de todo un paradigma. Salí de la actuación. De la versión de mí que igualaba responsabilidad con auto abandono. De la creencia de que la seguridad requiere sacrificio.

Y en ese colapso, finalmente me elegí a mí.

No fue una ruptura. Fue un despertar.

Porque cuando dejé que todo se derrumbara, algo real tuvo espacio para emerger.

Comencé a sentir de nuevo. Ya no estaba entumecida. Ya no seguía forzando. Ya no fingía.

En cambio, *sentía*:
El duelo.
La rabia.
El dolor.
La verdad.

Todo comenzó a salir a la superficie, listo para ser afrontado pieza por pieza. Y en esa crudeza, algo sagrado se agitó.

Ya ni siquiera sabía lo que quería. Y, de alguna manera, esa fue la verdad más liberadora de todas.

Había vivido entre planes a cinco años y hojas de cálculo perfectamente organizadas. Pero cuando alguien me preguntó: "¿Qué te da alegría?", no tuve respuesta. No tenía ni idea.

Ese momento me destrozó. Pero también me salvó.
Porque cuando ya no sabes quién eres, finalmente tienes la oportunidad de recordarlo.

Y así fue como comenzó el verdadero viaje.

La siguiente capa llegó a través de la medicina sagrada de la ayahuasca.

En ese espacio, purgué oscuridad que ni siquiera sabía que había estado cargando. Recuerdo bailar al ritmo de los tambores, sintiendo el compás recorrer mi cuerpo como sangre viva. La medicina comenzó a recorrerme. Luego vino la purga, no solo física, sino energética. Me senté. Me recosté. Y solté.

Lo que salió en el balde no se sintió metafórico. Se veía como energía pútrida y oscura: densa, pesada y visceralmente real, como algo que había estado almacenado en mi cuerpo durante vidas.

Somos energía. Y cuando el velo se adelgaza, empiezas a verlo así. Estaba presenciando el peso acumulado de vidas enteras dejando mi cuerpo, como una serpiente mudando su piel seca y vieja.

No fue solo la purga: fue el permiso.
Para dejar de cargar con dolor que no era mío.
Para aflojar mi agarre en la supervivencia.
Para elegir la verdad por encima de la actuación.
Para sentir lo que era real… y dejar que se moviera.

Fue duro. Pero fue sagrado. Y estuve dulce y amorosamente sostenida, no solo por la ceremonia, sino por la medicina misma.

Al suavizarme en ese espacio sagrado, comencé a orar. Por mi hijo. Por mis hermanos. Por mi padre.
Y en medio de esa oración, lo escuché: un mensaje directo de mi ser superior: "Deja de abandonar tu alma. Comienza por amarte y cuidarte a ti primero."

Y aun así, el Espíritu no había terminado conmigo.

Más tarde, durante una sesión de hipnoterapia, fui visitada por las energías de mi familia de alma; y por las amorosas frecuencias de Jesús y María Magdalena.

Antes incluso de verla, pude oler rosas y eucalipto. Mis sentidos estaban profundamente agudizados: afinados a algo más allá del velo. Ella estaba allí, no como mito, sino como memoria. Como medicina.

Vinieron a recordarme:
Que somos esencia divina.
Que nuestra luz está hecha para brillar, no para apagarse.
Que mis lágrimas son sagradas.
Que mis sentimientos importan.
Que mientras más suelto, más luz dejo entrar.

Que la alegría no es una recompensa, es mi naturaleza.
Que la vida aún espera que yo le diga que sí.

Pero no querían que solo recordara su presencia.
Querían que recordara su frecuencia: vivirla, encarnarla y recordársela a otros mediante mi manera de vivir. Para que otros también pudieran recordar la misma verdad que estaban despertando en mí: Que somos sagrados. Que somos amor. Que nunca estamos separados de lo divino… solo invitados a recordarlo de nuevo, después de un periodo de olvido juguetón.

Lloré. No por dolor, sino por la belleza de todo.

La belleza de recordar que importo.
Que mis deseos son sagrados.
Que la magia no es algo que deba ganarme:
Es lo que regresa cuando dejo de abandonarme.

Y de eso trata realmente este capítulo.
No de la ruptura.
No de la medicina.
Ni siquiera de la ceremonia.

Sino de la elección.

La decisión de finalmente decir:
Elijo alma sobre supervivencia.
Elijo presencia sobre fingir.
Elijo la magia, no solo la de los cuentos de hadas, sino
también la que surge cuando finalmente dices:
Me elijo a mí.
Elijo la alegría.
Elijo la vida.

¿Y tú?
¡Tú también puedes elegir!

Puedes soltar la máscara.
Salir de la jaula.
Comenzar de nuevo, no con un plan, sino con una verdad.

No tienes que ganarte tu magia.
Solo tienes que recordarla.

Este es tu momento.
Tu alma ya está susurrando.
¿Estás listo para escuchar profundamente y decir que sí?

Capítulo 6

Ejercicios de profundización e integración

Chequeo emocional: el alma dice…

Cierra los ojos. Coloca tus manos sobre el corazón. Pregúntate, con suavidad:

- ¿Qué parte de mí está pidiendo ser vista hoy?
- ¿Qué verdad he estado evitando?
- ¿En qué área de mi vida estoy ausentándome de mi alma?

Deja que lo que surja sea suficiente.

Despertando tu magia

Para prepararte para esta práctica, busca un lugar tranquilo y sin interrupciones donde puedas sentirte seguro estando plenamente presente. Recuerda que este es un tiempo sagrado contigo mismo—una reunión, no una actuación. Tal vez quieras usar un diario, decir tus respuestas en voz alta o incluso grabarlas como notas de voz. No hay una forma correcta o incorrecta de hacerlo. Permite que tus respuestas fluyan de manera espontánea y honesta, sin sobrepensar. Escribe o habla con libertad, haz pausas, siente tu cuerpo. Al terminar, tómate un momento para releer o reflexionar sobre lo que compartiste: puede que notes nuevas capas de significado o verdades emocionales emergiendo a la superficie. Ahora, pregúntate:

1. ¿Cuándo en mi vida me he sentido más conectado con algo más grande?
2. ¿Qué sincronicidades he pasado por alto que en realidad eran señales importantes?
3. ¿En qué parte de mi vida sigo viviendo en modo supervivencia?
4. ¿Qué anhela experimentar mi alma?
5. ¿Cómo se sentiría vivir en alineación con el asombro, no con la preocupación?

Ritual: práctica "La magia es real"

Para preparar este ritual necesitarás: un espacio tranquilo, una vela o un objeto que sientas sagrado, y tu corazón abierto.

1. Enciende tu vela. Di en voz alta: "Hoy, invito a mi alma a guiarme."

2. Inhala profundamente y despacio tres veces. Deja que tu energía baje de tu cabeza a tu corazón.
3. Coloca una mano sobre tu pecho. Pregunta: "¿Qué necesito recordar en este momento?"
4. Escribe libremente lo que surja. Deja que tu alma hable.
5. Cierra diciendo: "La magia vive en mí. Y ahora lo recuerdo."

Bienvenido de nuevo. Este es tu regreso. Este es tu surgimiento.

Tu alma ya no espera entre bastidores. Ahora, ella es quien lleva la dirección.

Capítulo 7

La frecuencia del sentir: navegando el mapa de la conciencia

Se nos enseñó a pensar.
Pensar, pensar, pensar.
Memorizar datos. Seguir reglas. Mantenerse en fila.
Matemáticas. Ciencias. Estudios Sociales. Repetición sin encarnación.

Pero ¿dónde estaba la clase sobre sentir?

¿Dónde estaba el plan de estudios para la inteligencia emocional?

Para navegar el duelo, la vergüenza, la alegría y el amor.
¿Dónde estaba la guía para entender cómo nuestra frecuencia moldea nuestra realidad?

La verdad es que hemos sido educados para ignorar la fuerza más poderosa que llevamos: **Nuestras emociones.**

El Mapa de la Conciencia (ver Apéndice 1) no es solo un gráfico—es una pieza perdida de nuestra evolución. Debería enseñarse en todas las escuelas, desde preescolar hasta nivel doctoral.

Porque sin conciencia emocional, nos convertimos en adultos que saben cómo construir imperios pero no saben cómo sentirse a sí mismos.

Y esa es la raíz de gran parte del dolor en este mundo.

Necesitamos aprender el lenguaje de la emoción.
Necesitamos enseñar a nuestros niños a acoger, regular, expresar y elevar su mundo interior.
Esto no es debilidad o fragilidad.
Esto es sagrado.

La maestría emocional es el futuro de la evolución humana.
Y comienza ahora.
Respira. Comienza de nuevo.
Coloca tu mano en el pecho.
Ahora pregúntate: ¿Cómo me siento en este momento?

No lo que piensas. No lo que *deberías* sentir.
Simplemente… lo que es verdad.

Ahí es donde comenzamos.

¿Alguna vez has sentido que ciertas emociones te drenan mientras que otras te elevan y te llenan de energía?

¿Qué pasaría si las emociones no fueran solo estados de ánimo, sino frecuencias—energías vibratorias que moldean tu realidad y tu poder personal?

Eso fue lo que descubrí cuando me encontré con el Mapa de la Conciencia del Dr. David Hawkins. Lo cambió todo.

Las emociones como energía: comprendiendo la escala

El Dr. David Hawkins, psiquiatra y maestro espiritual, creó una escala para medir los niveles de conciencia humana, utilizando kinesiología aplicada. Su Mapa de la Conciencia asigna valores numéricos (del 1 al 1000) a diferentes estados emocionales y energéticos.

Las emociones más bajas como la vergüenza, la culpa, el miedo y la ira contraen y restringen nuestra energía.
Nos drenan.

Son estados de fuerza—impulsados por condiciones externas, enraizados en la supervivencia y la separación.

Por encima de la frecuencia de 200, las emociones cambian hacia el poder: estados como el coraje, la neutralidad, el amor y la paz. Son autosostenibles, empoderados y alineados con la verdad.

Aquí tienes un vistazo al espectro emocional:

- **Vergüenza (20)** — donde se oculta el odio hacia uno mismo
- **Culpa (30)** — el peso de la indignidad
- **Miedo (100)** — el agarre de la ansiedad y la supervivencia
- **Deseo (125)** — el hambre de más
- **Ira (150)** — el fuego de la culpa hacia otros
- **Orgullo (175)** — la máscara de superioridad

Luego… el salto a frecuencias más altas:

- **Coraje (200)** — la disposición a presentarse
- **Neutralidad (250)** — paz sin desempeño
- **Aceptación (350)** — claridad sin resistencia
- **Amor (500)** — compasión en movimiento
- **Alegría (540)** — expansión
- **Paz (600)** — trascendencia

- **Iluminación (700–1000)** — unidad divina, más allá de la forma

El cambio de la fuerza al poder lo es todo.
Y el camino comienza con la consciencia.

La Trampa del Miedo

Hay una frecuencia que mantiene a más personas atrapadas que cualquier otra.
Una que está tan profundamente enraizada en nuestro sistema nervioso que a menudo la confundimos con la verdad.

El miedo.

En el Mapa de la Conciencia, el miedo calibra en 100.
No es la más baja, pero sí uno de los lugares más comunes donde las personas se quedan atrapadas.

El miedo se disfraza de protección.
De lógica.
De "solo estoy siendo precavido".

Pero debajo hay una herida: una profunda desconfianza en la vida, en uno mismo, en el Creador.

El miedo nos mantiene pequeños.
Dice: *No hables. No intentes eso. No brilles demasiado. No tengas tantas ilusiones.*

Nos convence de que la seguridad se encuentra en lo igual, en el silencio, en permanecer en lo familiar.

Pero aquí está la verdad:
El miedo es un mentiroso.

No te mantiene a salvo, te mantiene estancado. Retrasa tu expansión. Encoge tu luz. Silencia tu alma.

Y lo entiendo.
He vivido bajo el techo del miedo.
El miedo al rechazo. El miedo a ser "demasiado". El miedo a fracasar en público.
Incluso el miedo a lo que podría pasar si las cosas realmente funcionaran.

Pero he aprendido que el miedo afloja su agarre solo cuando te giras hacia él y lo enfrentas con amor, en lugar de ignorarlo o huir de él.

Cuando respiras a través de él.
Cuando lo nombras.

Cuando recuerdas que tú no eres la voz del miedo: eres la conciencia detrás de ella.

El miedo pierde poder cuando dejas de convertirlo en el que toma las decisiones.
Porque el miedo es parte del mapa…
Pero no es tu hogar.

Estás destinado a elevarte más alto.

La Trampa del Deseo

Existe otra frecuencia emocional que a menudo se disfraza de ambición o impulso, pero que en silencio nos mantiene atascados.

El deseo.

En el Mapa de la Conciencia, el deseo calibra en 125.
Es más alto que la apatía, la culpa o el miedo, pero aún es un estado de **fuerza**.

El deseo puede parecer motivación. Incluso puede sentirse emocionante al principio.
Pero, en el fondo, lleva un mensaje sutil: *"No tengo suficiente. No soy suficiente. Necesito algo fuera de mí para sentirme completo."*

Y ahí es donde quedamos atrapados.

Esta es la trampa del consumismo.
De la interminable navegación en redes.
De perseguir lo siguiente, el próximo título, la próxima dosis de aprobación.

El deseo es de lo que vive el mundo moderno.
Está integrado en las campañas de mercadeo, la cultura del "hustle" y hasta en la evasión espiritual.
Nos enseñan a *manifestar más*, *lograr más*, *ser más*… siempre más.

Pero cuanto más perseguimos, más nos alejamos de la verdad.

Porque **el deseo nunca se satisface.**
Está enraizado en la ilusión de carencia—un hambre que nada externo puede saciar.

Yo también viví ahí—comprando cosas que no necesitaba, diciendo que sí cuando quería decir que no, confundiendo visibilidad con valor.
Me tomó mucha honestidad ver que, debajo de todo ese esfuerzo… había una herida. Un anhelo de ser suficiente.

El verdadero poder comienza cuando ponemos la persecución en pausa.

Cuando nos preguntamos:

"¿Esto viene de la plenitud o de la carencia?"

Cuando deseamos desde el amor, desde la alineación, desde el alma—es limpio.
Pero cuando deseamos desde la escasez, el miedo o la actuación—solo alimentamos el ciclo.

El camino hacia adelante no se trata de tener más.
Se trata de **sentir más**.
Más gratitud. Más presencia. Más verdad.
Porque nada fuera de ti podrá darte lo que tu alma ya sabe.

La Trampa del Orgullo

Hay un estado emocional engañoso que a menudo se malinterpreta: *el orgullo*.

Se siente mejor que la vergüenza o la ira.
Ofrece identidad, certeza, incluso pertenencia.

Pero el orgullo vive en la fuerza.
Crea separación.
Se sostiene en la comparación y el rendimiento.
Nos mantiene atados a demostrar, en vez de simplemente *ser*.

Y yo también he estado allí—
Aferrada a tener la razón,
Necesitando validación,
Levantando muros en vez de suavizarme hacia la verdad.
En la cultura actual, el orgullo viene bellamente disfrazado—
en los medios, en los movimientos, en la influencia.

Nos hacen sentir vistos… pero no liberados.

El verdadero poder comienza cuando salimos del bucle.
Cuando soltamos la identidad y entramos en la conciencia.

Pregúntate:

¿Esto me eleva hacia el amor, la sabiduría y el valor?
¿O me mantiene necesitando defenderme o tener la razón?

La diferencia es sutil. Pero lo es todo.

La Semilla que lo Cambió Todo

Descubrí el Mapa de la Conciencia durante una sesión con una de las muchas Maestras que he encontrado en esta escuela llamada Tierra.

Ella me hizo una pregunta simple:
—¿Cómo te sientes ahora mismo?

Puse una mano sobre mi corazón,
y la otra sobre mi abdomen,
y me afiné hacia adentro.
—Siento ira —dije.

No intentó "arreglarlo".
No lo justificó ni lo explicó.

Simplemente me mostró el Mapa.

Eso fue todo. Una semilla.

Pero cambió por completo mi camino.

Cuando vi que la ira tenía una frecuencia—y que podía moverme conscientemente hacia arriba en esa escala— me sentí poderosa otra vez. No porque evitara la ira, sino porque la honré.

Fue entonces cuando entendí:
Las emociones son firmas energéticas.
Las emociones son portales.
Y la conciencia es poder.

Verdad Final: Esto es Inteligencia de Conciencia

Vivimos en un mundo que lucra de tu desconexión.

De tu anhelo. De tu reactividad. De tu necesidad de demostrar y rendir.
Pero cuando sientes con conciencia—cuando comienzas a nombrar tu emoción y eliges tu siguiente estado—
reclamas tu vida.

Dejas de actuar para el espectáculo. Empiezas a transmutar.

Comienzas a vivir en la frecuencia del amor.
De la paz.
De la alegría.

No porque la vida sea perfecta—
Sino porque *tu presencia lo es.*

Cuando dominas tus emociones, no controlas la vida—co-creas con ella.
Te conviertes en un conductor consciente de frecuencia.
No perfecto.
No evadiendo.

Simplemente despierto.

Así es como asciendes.
Así es como recuerdas.

Capítulo 7

Ejercicios de profundización e integración

Preguntas reflexivas: inteligencia de conciencia en acción

Para prepararte para esta práctica, busca un lugar tranquilo, sin interrupciones, donde puedas sentirte seguro estando plenamente presente. Recuerda que este es un tiempo sagrado contigo mismo: un reencuentro, no una actuación. Tal vez quieras usar un diario, decir tus respuestas en voz alta o incluso grabarlas como notas de voz. No existe una manera correcta o incorrecta de hacerlo. Permite que tus respuestas fluyan de manera espontánea y honesta, sin sobrepensar. Escribe o habla con libertad, permite las pausas, siente tu cuerpo. Al terminar, toma un momento para releer o reflexionar sobre lo que compartiste: puede que descubras nuevas capas de significado o verdades emocionales emergiendo a la superficie. Ahora, pregúntate:

1. ¿Qué estoy sintiendo en este momento?
   (No censures ni edites. Solo nombra lo que es cierto.)

2. ¿En qué lugar podría estar esta emoción en el Mapa de la Conciencia?
   (Siéntelo de manera intuitiva. No es necesario ser exacto. La conciencia es la ganancia.)
3. ¿Qué activó esta emoción?
   (¿Fue algo interno: un recuerdo, creencia, pensamiento?
   ¿O externo: una conversación, detonante o situación?)
4. ¿Qué emoción estoy dispuesto a recibir o moverme hacia ella?
   (Alcanza con suavidad un estado más elevado—no perfección, solo resonancia.)
5. ¿Cómo se sentiría en mi cuerpo encarnar esa nueva frecuencia?
   (¿Qué cambiaría en mi respiración, postura o energía?)
6. ¿Qué creencia o identidad necesito soltar para elevarme?
   (Historias antiguas sobre el valor, la seguridad, el amor, el poder—¿qué está listo para liberarse?)
7. ¿Qué verdad estoy reclamando sobre quién soy en realidad?
   (Decláralo. Abrázalo. Escríbelo como un mantra desde tu alma.)

Ritual de respiración: el aliento de la presencia consciente

Esta práctica puede completarse en 3 a 5 minutos. O más. Tú marcas el ritmo. Crea tu espacio sagrado. Siéntate o recuéstate. Permite que tu cuerpo esté sostenido. Coloca una mano sobre tu corazón y la otra sobre tu vientre.

Respira con intención.
Inhala lentamente por la nariz.
Exhala suavemente por la boca, como si dijeras "*ahh.*"
Repite tres veces para regresar a ti mismo.

Nombra lo que está presente.
En tu interior o en voz alta, di: "*En este momento, siento…*"
De esta forma, nombra la frecuencia emocional que estás experimentando ahora.
Permite que surja. Sin juicio. Solo verdad.

Siente tu sentir.
Respira hacia el espacio entre tu corazón y tu vientre.
Suaviza cualquier tensión, resistencia o sensación de contracción.

Alcanza la resonancia.
Nombra la frecuencia que estás listo para invitar.

Inhálala, recíbela por completo. Luego exhala la frecuencia anterior—déjala fluir hacia fuera, liberándola y liberándote.

Por ejemplo, con la inhalación podrías decir: *"Doy la bienvenida al coraje."* Y con la exhalación: *"Suelto el miedo."*
Después de diez o quince repeticiones (o más, si así lo deseas) sella la práctica con un mantra:
"Honro donde estoy. Sé cómo elevarme. Confío en mi brújula interior."

Deja que esta verdad guíe tu próximo aliento, tu próxima elección, tu próximo capítulo.

Registro de cambio de conciencia

No necesitas un formulario sofisticado para practicar la elevación de frecuencia. Pero si deseas seguir tu crecimiento a lo largo del tiempo, incluí una versión imprimible del **Registro de Cambio de Conciencia** en el Apéndice 2 para que la copies o recrees en tu diario.

Úsalo como un ritual sagrado de autoconciencia: un espacio para presenciar tus patrones energéticos y tu propio poder para transformarlos. Este es tu puente entre la reactividad y el recuerdo. Te ayudará a recordar:

No eres tus detonantes.
Eres el testigo.
Eres el transmutador.

Deja que el mapa sirva como espejo, no como medida.
Tu frecuencia no es una nota—es una guía.
Un aliento, una conciencia, un cambio a la vez.

Capítulo 8

Verdad sagrada: la verdad en los huesos

Antes de seguir adelante, debemos visitar lo que quedó enterrado. Este no es un capítulo fácil, pero sí uno necesario. Te invito a respirar y encontrarnos aquí.

Ahora que hemos explorado cómo las emociones son frecuencias energéticas y cómo la consciencia es clave para la transformación, es momento de descender al lugar que a la mayoría nos enseñaron a evitar: nuestra verdad más profunda.

Este próximo capítulo no es solo una historia—es una reclamación. Y es una que he cargado por mucho tiempo.

Hay historias que viven en los huesos.
Historias que cargamos en silencio.
Historias que dejamos atrás antes de comprenderlas del todo.

Esta es una de esas historias.

Y aunque es mi historia personal, quiero nombrar esta verdad con claridad: El trauma sexual no discrimina.
Puede sucederle a cualquier género, a cualquier edad, en cualquier entorno.
Ninguna identidad nos protege de esto ni de ningún otro tipo de dolor—Y ninguna experiencia disminuye jamás nuestro valor intrínseco.

Puede que tengas tu propia versión de esta historia.
Detalles distintos. La misma cicatriz energética.
Este capítulo también es para ti.

No comparto esto para impactar. No lo comparto para recibir lástima. Lo comparto porque ya es hora.
Porque somos demasiados los que seguimos caminando por ahí pensando que debemos cargar con este dolor a solos.
Demasiados los que seguimos creyendo que, si permanecemos en silencio, fuertes y con una apariencia de "sanados", tal vez el mundo deje de notar el peso deshilachado que llevamos en nuestro sistema nervioso.
El silencio no sana la vergüenza. La verdad sí.

Fui abusada sexualmente cuando era niña.
Por alguien cercano: un amigo de la familia.
Alguien a quien se esperaba que me tratara con cortesía.
Alguien a quien debía seguir viendo—sonriendo, actuando, guardando silencio. Porque eso es lo que se les enseña a los niños pequeños.

Esa experiencia creó una fractura energética en mí.
Reprogramó mi sistema para la supervivencia.
Me volví hipervigilante. Controladora. Ambiciosa.
Levanté una fortaleza hecha de energía masculina y perfeccionismo.

Mi cuerpo dejó de sentirse como hogar.
Mis emociones quedaron bloqueadas tras un muro de fuego.
¿Mi valor? Atado al rendimiento y a qué tan bien podía cumplir.

El trauma nos desconecta del cuerpo.
Nos hace congelarnos, huir o fragmentarnos.
Pero la sanación nos devuelve—
Al aliento. A la presencia.
Al espacio sagrado entre el corazón y el útero.
Ahí es donde ahora vive mi verdad—y donde sigo escuchando.

Pasaron los años. Brillaba por fuera.
Pero por dentro estaba hecha pedazos.
Entonces, la vida me entregó la tormenta perfecta:
Mi segundo matrimonio.

Fue una olla a presión.
Intensa. Emocional. Incesante.
Diseñada kármicamente para quebrarme por dentro.

Empecé a reaccionar de maneras que incluso a mí me sorprendían. Caía en espirales de ira por cosas pequeñas, y no entendía por qué.

Recuerdo una discusión en la que perdí el control por completo.
Mi ex-esposo me miró como si fuera otra persona—porque, en cierto modo, lo era.

No era la adulta en mí quien reaccionaba.
Era la Pequeña Jessica.
La que nunca había gritado.
La que nunca había pedido ayuda.
La que había sido silenciada cuando sucedió.

En algún momento de ese matrimonio, se lo conté.
Me abrí sobre el abuso.
Pero él no tenía la capacidad emocional para recibirlo,

sostenerlo y ofrecer un refugio seguro para ello.
Escuchó las palabras, pero nunca realmente le llegaron.
Y me quedé, una vez más, cargando el peso sola.

Aun así, cuando llega el momento de sanar, el alma sigue insistiendo. Busqué a una terapeuta (de manera virtual) porque necesitaba ayuda para navegar el caos emocional del matrimonio. Y, sin embargo, fue en ese espacio remoto y pixelado donde finalmente se haló el hilo.

Fue entonces cuando me di cuenta:
Este dolor no se había ido a ninguna parte.
Todavía vivía dentro de mí.
Enterrado bajo años de fingir.

Mi niña interior —aún furiosa, aún congelada— había estado esperando.

El desmoronamiento había comenzado.

Pero incluso con esa conciencia, no sabía lo que significaba sentirme verdaderamente sostenida… hasta un retiro de Alineamiento de Chakras al cual atendí.

Fue una inmersión de fin de semana en todo el cuerpo energético. De la raíz a la corona.

Recorrimos todos los chakras —uno por uno—limpiando lo que ya no servía, activando lo que había estado dormido y abriendo canales que habían estado cerrados por mucho tiempo.

Durante una poderosa secuencia de kundalini, algo antiguo dentro de mí se desbordó..
Comencé a llorar —llanto fuerte, gutural, primitivo.

Y esta vez… no estaba sola.

Fui sostenida. Vista. Honrada.

Los facilitadores no se inmutaron. No interrumpieron.
Pausaron toda la clase para que pudiera recuperar el aliento.
Me dejaron llorar. Me dejaron ser vista. Me dejaron deshilvanarme.

Uno a uno, los demás también compartieron sus historias.
No fue solo mi sanación —se convirtió en un regreso colectivo.

Ese momento —ser vista en mi dolor y aun así pertenecer—
Cambió algo fundamental en mí.
Me mostró lo que se siente recibir verdadero apoyo.

A partir de ahí, la siguiente ola de sanación llegó a través de la hipnoterapia.
Y luego —más profundo aún— a través de una sesión de Técnica de Hipnosis de Sanación Cuántica (QHHT).
En esa sesión, viajé por vidas pasadas.
Recuperé sanación de otras versiones de mí misma.
Y al final —cuando menos lo esperaba—
Ella apareció.

La pequeña Jessica.
Ni tímida. Ni callada.
Furiosa como el infierno.

Ella gritó. Ella rugió.
Contra el perpetrador. Contra su familia. Contra el mundo entero.
Y yo la dejé.

Ese fue el día en que dejó de esconderse.
El día en que su rugido finalmente fue escuchado.

Y justo cuando dejó que su dolor emergiera y subiera como fuego, sucedió algo extraordinario: Apareció un dragón.

Mi animal espiritual.
Un aliado sagrado.

No vino a asustarme—vino a recordarme quién soy.

Que el fuego no es solo para destruir—es para hacer alquimia. Vino a mostrarme que yo era fuerte. Que nunca estuve sola.
Que era soberana, feroz y finalmente estaba lista para elevarme. Quemamos sentimientos no para escapar de ellos, sino para liberarlos. Ese día, el fuego dentro de mí no era rabia—era memoria.

Desde niña, creí en la magia.
Dragones. Hadas. Otros reinos.
Y ahora entiendo por qué.

Los niños son los transmutadores más sabios de todos.
¿Alguna vez has visto a un niño tener una rabieta?
Lloran. Gritan. Forma una pataleta.
Y luego…
Duermen.
Ríen.
Vuelven a la alegría.

Eso es transmutar.

Estamos hechos para sentir. Estamos diseñados para alquimizar. Así que, si alguien te dice: "Fui abusado"—
Por favor, no te cohíbas. No analices. No intentes arreglarlo.

Solo di: "Te veo. Lamento que hayas pasado por eso. Estoy aquí."

Eso es todo. Eso lo es todo.

Y si es demasiado para que lo sostengas, está bien. Solo no los dejes solos con eso. Guíalos hacia ayuda. Hazles saber que merecen apoyo.

Porque la sanación es por capas.
Es multidimensional.
Vive en el subconsciente.
En el cuerpo.
En el campo áurico.
En el alma.

No somos solo seres físicos.
Somos templos.
Somos galaxias.

Así que debemos sanar en todos estos niveles:
A través de la hipnoterapia. A través del masaje somático.
A través del movimiento, la respiración y el testimonio sagrado. A través del amor.

Somos ilimitados en nuestra capacidad de sanar.

Así que, tómate tu tiempo.
Date gracia.
Respira. Llora. Ruge. Descansa.

No tienes que hacerlo todo de una vez.
Solo tienes que estar dispuesto a sentir.
A confiar en que tu verdad no es demasiado.
A dar el primer paso sagrado hacia tu propio regreso.

Tú puedes.

Capítulo 8

Ejercicios de profundización e integración

Preguntas reflexivas: verdad como liberación

Para prepararte para esta práctica, busca un espacio tranquilo y sin interrupciones donde puedas sentirte seguro estando plenamente presente. Recuerda que este es un tiempo sagrado contigo mismo una reunión, no una actuación. Tal vez quieras usar un diario, decir tus respuestas en voz alta o incluso grabarlas como notas de voz. No hay una forma correcta o incorrecta de hacerlo. Deja que tus respuestas fluyan de manera espontánea y honesta, sin sobrepensar. Escribe o habla con libertad, permite las pausas, siente en tu cuerpo. Cuando termines, tómate un momento para releer o reflexionar sobre lo que compartiste: puede que notes nuevas capas de significado o verdades emocionales emergiendo a la superficie. Ahora, pregúntate:

1. ¿Qué verdades he tenido miedo de decir en voz alta?
2. ¿Qué partes de mí todavía creen que debo proteger a otros de mi verdad?

3. ¿Dónde he abandonado mi propia voz?
4. ¿Qué necesita todavía mi niño interior para sentirse seguro?
5. ¿Cómo quiere mi cuerpo ser escuchado, honrado o sostenido hoy?

Ritual: ser testigo sagrado de ti misma

Para este ritual necesitarás: un espejo, un espacio privado y unos minutos sin interrupciones.

1. Siéntate o párate frente a un espejo. Mírate a los ojos.
2. Coloca una mano sobre tu corazón o sobre tu vientre.
3. Di estas palabras: *"Te veo. Te escucho. Te creo. Y nunca más te dejaré."*
4. Da la bienvenida a cualquier emoción que surja. Deja que el silencio sea un contenedor. Deja que tu presencia sea la medicina.

Repítelo tantas veces como lo necesites. No se trata de arreglar nada. Se trata de ser testigo.
Tú eres el espacio sagrado que has estado esperando.
Y eres tan digno de tu propia verdad.
Siempre lo fuiste.

Capítulo 9

Cuando sobrevivir se siente como amor: reescribiendo el plano de las relaciones

Algunos patrones no comienzan en la edad adulta. Comienzan en el sistema nervioso. En el cuerpo. En el silencio entre lo que pasó y lo que nunca se dijo.

Tras el trauma del abuso infantil, desarrollé un guion invisible —uno que ni siquiera me di cuenta de que estaba interpretando, hasta mucho después. No fue solo lo que me pasó lo que moldeó mis relaciones. Fue lo que aprendí de la ausencia. De la supresión. De la huella energética que decía que el amor se gana, que la seguridad es condicional y que ser elegida significa soportar. Esas creencias vivían en mi cuerpo mucho antes de que vivieran en mi mente.

No entré en relaciones tóxicas porque no supiera algo mejor. Entré en ellas porque, a un nivel subconsciente, se sentían familiares. Caos familiar. Indisponibilidad emocional familiar. Silencio familiar. No es que estuviera "atraída" a estas dinámicas, es que mi sistema nervioso había sido programado para creer que el amor equivale a tensión, inconsistencia o actuación. Que una pareja que me ignora es una por la que tengo que esforzarme más. Que, si solo los amo lo suficiente, los arreglo lo suficiente, doy lo suficiente... tal vez yo sea suficiente.

Pero ese patrón... eso no es amor. Eso es supervivencia. Y la supervivencia no es soberanía.

Durante años, me encontré en relaciones que imitaban las mismas heridas que aún no había sanado. Me sentía atraída hacia hombres emocionalmente indisponibles que no podían encontrarse conmigo en presencia, porque esa dinámica —esa indisponibilidad crónica— reflejaba la distancia emocional que había experimentado en la infancia. Me quedé en situaciones que me mantenían atrapada en ciclos de esperanza, confusión y colapso, persiguiendo el subidón de una conexión auténtica mientras, al mismo tiempo, me preparaba para el golpe del abandono. Me sentí más vista cuando estaba actuando, ayudando, rescatando, porque era en esos momentos cuando el amor siempre había parecido más accesible para mí. Cada relación se sentía como si tuviera potencial. Cada una se sentía como que tal vez, esta vez, funcionaría. Y cuando inevitablemente se desmoronaba, me repetía la misma historia: "*Simplemente no estaban listos*".

Pero la verdad era que yo tampoco estaba lista.

No estaba lista para dejar de perseguir patrones que se sentían como hogar, porque aún no había creado, dentro de mí, un nuevo hogar interno de seguridad. Todavía llevaba —dentro de mi cuerpo sutil, de mi campo emocional— el plano energético del abandono.

Había confundido el anhelo con el amor.
Había confundido la inconsistencia con la química.
Había normalizado los ciclos de dolor y recompensa porque mi sistema nervioso estaba entrenado para esperarlos.

Y, de una manera extraña, esas relaciones tóxicas me daban un sentido de propósito. Si podía trabajar por amor —si podía arreglarlo, mejorarlo y ganármelo— entonces no tendría que sentir el duelo de nunca haberlo recibido de verdad.

Y entonces, el cambio comenzó. No todo de una vez, pero de forma inconfundible. No fue hasta que comencé a hacer una sanación profunda del subconsciente —a través de hipnoterapia, respiración, terapia de constelaciones familiares, acupuntura y medicina energética— que finalmente pude nombrar la verdad: No estaba persiguiendo el amor.
Estaba persiguiendo alivio. Estaba persiguiendo la sensación de, por fin, ser suficiente.

Conciencia de esta verdad fue el primer paso. Pero la verdadera transformación llegó con la encarnación —ese fue el cambio real. Y no llegó en un momento perfecto.
Llegó lentamente, de manera sutil y silenciosa.

Comencé a escuchar a mi cuerpo cuando se tensaba ante la energía de alguien. Dejé de ignorar las banderas rojas que antes justificaba o romantizaba. Elegí la soledad por encima de la inconsistencia—por encima de las dinámicas de calor y frío que antes me dejaban ansiosa y confundida.
Dejé de necesitar el caos para sentirme viva.

Empecé a reconocer que las personas que antes se sentían emocionantes para mi ciclo habitual de trauma ahora me resultaban desreguladoras—y aquellas que antes parecían aburridas para mi sistema nervioso empezaron a sentirse pacíficas para mi alma.

Finalmente tuve la capacidad de elegir la paz. Solté la adicción a ser necesitada. Solté las relaciones en las que mi presencia solo se valoraba cuando estaba rescatando a alguien de sí mismo.
Dejé de doblarme en versiones de mí que fueran más amables, más complacientes, más útiles. Dejé de externalizar mi valor.

Me di cuenta de que el amor no se gana. Se recibe. No se trata de demostrar. Se trata de recordar.

Y por primera vez en mi vida, dejé de buscar fuera de mí para ser elegida. Me elegí a mí.

Ahí fue cuando comenzó la verdadera historia de amor—no la que escribe la sociedad, sino la que mi alma había estado esperando todo este tiempo. La historia de amor donde me convertí en mi propio lugar seguro. Donde volví a criar a la niña interior que pensaba que tenía que actuar para ser amada. Donde sostuve las partes de mí que creían que el amor debía ser difícil, que la intensidad era intimidad, que el dolor era pasión.

Dejé de confundir las estrategias de supervivencia con la conexión sagrada. Porque eso no es amor. Eso es un patrón. Y los patrones—una vez vistos—pueden romperse.

Ahora que soy conscientemente consciente… ahora que he caminado por mis sombras… ahora que he recordado quién soy y me he reconectado con lo que me da alegría… sé que el amor que busco empieza conmigo.

Me amo plenamente. Y cada día trabajo en amarme incondicionalmente. Me invito a salir. Me río conmigo. Sostengo espacio para mis emociones. Extiendo gracia a mi propio proceso. Celebro a la mujer en la que me he convertido.

Y desde esta alegría—desde este lugar arraigado, soberano y de corazón pleno—mi campo energético se abre.

Ahora me siento lista para atraer a alguien que viva en esta misma consciencia. Alguien que me encuentre de alma a alma. No alguien que busque ser completado, sino alguien que ya es completo. Ya está anclado. Un compañero que desee caminar a mi lado, no cargarme ni ser cargado. Un compañero para esta Universidad del Planeta Tierra. Un compañero de estudios. Ahora llamo a alguien que sabe quién es. Alguien emocionalmente disponible. Espiritualmente alineado. Arraigado en cada chakra, desde la seguridad hasta la rendición.

Un ser que sea juguetón y centrado, creativo y sereno—equilibrado tanto en su suavidad como en su fortaleza.

Está en casa en su propia piel. No teme al trabajo interior. No evita lo incómodo. No teme las lecciones del alma; de hecho, si es necesario, repetirá la clase. Se quedará despierto hasta tarde para estudiar la verdad. Es curioso. Comprometido. Consciente.

Y yo—me he convertido en ese tipo de estudiante.
Y eso es lo que ahora atraigo.

Me he convertido en un espejo sagrado—y ahora atraigo uno también.

Capítulo 9

Ejercicios de profundización e integración

Preguntas reflexivas: reconociendo y reescribiendo el patrón

Para prepararte para esta práctica, encuentra un lugar tranquilo y sin interrupciones donde puedas sentirte seguro estando plenamente presente. Recuerda que este es un tiempo sagrado contigo mismo—una reunión, no una actuación. Puede que quieras usar un diario, decir tus respuestas en voz alta o incluso grabarlas como notas de voz. No hay una manera correcta o incorrecta de hacerlo. Deja que tus respuestas fluyan espontánea y honestamente, sin pensar demasiado. Escribe o habla libremente, permite las pausas, siente en tu cuerpo. Después de terminar, tómate un momento para releer o reflexionar sobre lo que compartiste: puede que notes nuevas capas de significado o verdades emocionales emergiendo a la superficie. Ahora, pregúntate:

1. ¿Qué patrones de relación he repetido que reflejan heridas antiguas?

2. ¿Con qué asoció mi sistema nervioso el amor cuando crecía?
3. ¿Dónde he confundido intensidad con conexión?
4. ¿Cómo se sentiría la seguridad emocional en una relación de pareja?
5. ¿Quién soy cuando dejo de intentar arreglar, ganar o perseguir el amor?

Práctica corporal: reinicio del sistema nervioso en el amor

Para esta práctica necesitarás: un espacio tranquilo, tu respiración y tu intención.

1. Siéntate o recuéstate en quietud. Coloca una mano sobre tu corazón y la otra sobre tu bajo vientre.
2. Cierra los ojos. Inhala profundamente tres veces por la nariz y exhala por la boca, como diciendo "ahh".
3. Di en voz alta o en silencio:
   "Libero la necesidad de perseguir lo que no es mío."
   "Elijo la paz sobre la actuación."
   "Llamo al amor que honra mi esencia, no mi esfuerzo."
4. Respira en esta nueva frecuencia. Deja que tu cuerpo sienta la diferencia.

5. Ancla con este susurro final: "Yo soy quien he estado esperando."

Capítulo 10

Integración: el regreso a la plenitud

La sanación no es un destino. No es un punto fijo en el tiempo donde todo encaja y por fin estás "listo".
Es una espiral. Un profundizar. Un recordar.

Este capítulo trata de ese espacio sagrado entre medio—ese lugar donde ya no estás atrapado en modo supervivencia, pero tampoco estás enganchado en una sanación performativa. Estás simplemente… viviendo. En presencia. En verdad. En tu cuerpo. Con tu alma.

La integración es donde todo aterriza. Es el caminar después de la liberación. El té después del llanto. El respiro después del gran quiebre. No es dramática. No es ruidosa. Pero es sagrada.

Porque aquí es donde te conviertes en lo que siempre has estado llamado a ser.

Para mí, la integración se veía como crear una vida en la que mi sistema nervioso se sintiera realmente seguro—en lugar de estar constantemente activado, en guardia, o actuando.
La seguridad se convirtió en mi nueva brújula. Ya no confundí la adrenalina con propósito. Priorizaba ambientes, personas y hábitos que le permitieran a mi cuerpo exhalar. Comencé a escoger la paz por encima de la productividad, y la calma por encima del caos.

También significó elegir trabajos y relaciones que me nutrieran en lugar de drenarme. Dejé de dar en exceso. Dejé de demostrar. Permití que la reciprocidad se convirtiera en el estándar. Si algo me drenaba, lo soltaba. Si alguien no podía encontrarme en la presencia, dejé de encogerme para quedarme. Mi energía se volvió sagrada—y comencé a protegerla como la fuerza vital preciosa que es. La integración me invitó a caminar sin un destino.

Durante gran parte de mi vida, me impulsaban los resultados y las listas de pendientes. Pero la integración me enseñó el poder del vagar. De la lentitud. De estar en comunión con el ahora. Esas caminatas se convirtieron en oración.
Movimiento sin presión. Quietud en movimiento. Aprendí a dejar que el momento me guiara.

Se parecía a dejar que mi cuerpo descansara sin culpa. Antes, el descanso era algo que tenía que ganarme. Ahora, es sagrado. Una necesidad. Una manera de honrar el templo en el que habito. Ya no sobrepaso los límites de mi cuerpo para ajustarme a la urgencia del mundo. He reaprendido a escucharme… y a responder con compasión y gracia.

Y, quizás lo más hermoso, la integración se me reveló en la risa otra vez— no porque el dolor se hubiese ido, sino porque ya no le tenía miedo a sentir.

La alegría no significa que todo sea perfecto. Significa que expandí mi capacidad de sentir el espectro completo. Puedo reír mientras aún se secan las lágrimas. Puedo llorar y, aun así, sentir luz. Ya no le pongo candado a la alegría—la recibo en casa.

La integración es cuando la sanación sale del consultorio y entra en tu vida diaria. Es cuando dejas de buscar permiso para estar completo. Es cuando encarnas plenamente lo que antes solo era concepto.

Y entonces, a medida que la integración se profundizó, empezó a regalarme reflejos sagrados. Dos momentos, en particular, me revelaron hasta dónde había llegado.

Uno fue profundo, espiritual, inesperado por completo.
El otro, silenciosamente humano.

El primero ocurrió durante una sesión de respiración consciente. Yo estaba trabajando con una sensación de pesadez, respirando a través de lo que parecía ser el peso de varias vidas. Caí en un estado de trance, y de repente fui transportada a una escena que no esperaba. La persona que una vez me violó—el abusador de mi infancia—apareció frente a mí en forma espiritual. Pero no como un monstruo. Como un ángel.

Me miró y me dijo con suavidad: "Sigue respirando. Estás limpiando las viejas creencias—esas que te hicieron sentir indigna." Ese momento rompió algo dentro de mí. No porque excusara el daño, sino porque al fin entendí:
Mi alma quería libertad más que castigo.

Y en ese instante, dejé entrar más luz: disolviendo buena parte de la oscuridad. Eso no significaba que lo que pasó estuviera bien. Significaba que yo estaba bien ahora.

El segundo momento fue más simple, pero igual de profundo. Me encontré con una amiga para cenar y tomar algo. En cuanto la vi, sentí su aura—apretada, filosa, a la defensiva. Como un puercoespín. Y en ese instante me di cuenta: esa solía ser yo.

Solía caminar por el mundo con las espinas de fuera. A la defensiva, esperando lo peor. Protegiéndome de un pasado que ya había pasado.

Pero esa noche, yo no era el puercoespín. Yo era la presencia. Y esa fue la señal. Sutil, sí. Pero en mi cuerpo lo supe: había cruzado un umbral. Algo nuevo. Algo libre.

La integración no siempre se anuncia con estruendo. A veces se revela en silencio, simplemente mostrándote quién ya no eres. Y quién, al fin, has llegado a ser.

Ya no tienes que perseguir el despertar. Tú eres el despertar. Y mientras más confías en el proceso—en las estaciones, en las espirales, en la suavidad—más comprendes: Ya habías llegado.

No estás roto. No estás atrasado. Estás floreciendo—exactamente como estabas destinado.

Bienvenido a casa.

Ya no tienes que luchar.
Ya no tienes que buscar.
Ya estás en casa—en ti mismo.

Capítulo 10

Ejercicios de profundización e integración

Preguntas reflexivas: viviendo la integración

Para preparar esta práctica, busca un espacio tranquilo, sin interrupciones, donde puedas sentirte seguro y plenamente presente. Recuerda que este es un tiempo sagrado contigo mismo—un reencuentro, no una actuación. Tal vez quieras usar un diario, hablar tus respuestas en voz alta o incluso grabarlas como notas de voz. No hay una manera correcta o incorrecta de hacerlo. Deja que tus respuestas fluyan espontánea y honestamente, sin sobrepensar. Escribe o habla libremente, permite las pausas, siente tu cuerpo. Cuando termines, date un momento para releer o reflexionar sobre lo que compartiste: quizá notes nuevas capas de significado o verdades emocionales emergiendo a la superficie. Ahora, pregúntate:

1. ¿Qué significa integración para mí—física, emocional y espiritualmente?
2. ¿En qué aspectos de mi vida he comenzado a vivir mi sanación en vez de perseguirla?

3. ¿Qué pequeños rituales sostienen mi enraizamiento y mi verdad?
4. ¿Dónde sigo esperando permiso para descansar, sentir o simplemente ser?
5. ¿Cómo puedo honrar este capítulo de mi viaje—no haciendo más, sino simplemente siendo más yo, pleno y auténticamente?

Ritual: el sí corporal

Para este ritual necesitarás: un espacio en calma, tu respiración y tu precioso cuerpo humano.

1. Siéntate o recuéstate en quietud. Cierra los ojos. Inhala profundo.
2. Al exhalar, susurra: "Digo sí al ahora."
3. Coloca una mano en tu corazón y otra en tu vientre. Siente tu vitalidad.
4. Repite: "No soy quien era. Soy quien elijo ser. Confío en el camino. Confío en mí."
5. Quédate aquí tanto como necesites.

Esta es tu integración. Este es tu regreso a casa. Este es tu sí encarnado. Y es suficiente.

Capítulo 11

El arte de vivir desde tu verdad

Vivir alineada no se trata de perfección. Se trata de presencia. Se trata de verdad. Se trata de regresar a ti una y otra vez—especialmente cuando el mundo intenta halarte en todas las direcciones menos la tuya.

Este capítulo es tu invitación a vivir tu vida como un "sí" sagrado—no solo en tus rituales, sino en tu realidad cotidiana. No solo en tus meditaciones, sino también en tu prosperidad financiera. Tus límites. Tu placer. Tu voz.

La alineación es el momento en que tu mundo interior y tu mundo exterior dejan de pelearse y empiezan su danza sagrada. Es cuando lo que crees y cómo te comportas finalmente se encuentran: se apoyan mutuamente y se reflejan como espejos. Es cuando tu sistema nervioso suspira y dice: *"Sí—esto se siente como yo."*

Desde el rendimiento a la presencia

Durante mucho tiempo, yo no sabía cómo se sentía la alineación. Estaba tan acostumbrada a transformarme, a cambiar de código, a sobreactuar, que ni siquiera notaba cuántos de mis "sí" en realidad eran un "no".

Vivir alineada me pidió desaprender todo lo que alguna vez pensé que me hacía digna. Tuve que soltar la creencia de que tenía que probar mi valor para ser amada.

Que el estar ocupada significaba que era importante. Que decir que sí me mantendría a salvo. Que poner límites significaba ser rechazada. Que la alegría era algo que había que ganarse.

No eran solo pensamientos—eran estrategias de supervivencia. Pero al ir suavizando mi camino hacia la alineación, entendí que ya no me servían. Pertenecían a la versión de mí que todavía intentaba ser suficiente. Y finalmente estaba lista para dejarla descansar.

Recuerdo el día en que por fin me alejé de mi carrera en ingeniería—el título, el sueldo estable, la vida impulsada por el rendimiento. En el papel, parecía perfecto. Pero por dentro, estaba agotada. Mi sistema nervioso estaba quemado. Mi alma susurraba—y luego gritaba—*¡esta ya no eres tú!*

Dejar atrás esa vida no fue fácil. Fue desordenado. Incierto. Aterrador. Pero fue el primer verdadero sí que me había dado en años.

Esa decisión abrió una grieta. Dejé de externalizar mi identidad en roles, títulos y la necesidad de demostrar. Empecé a elegir paz sobre productividad. Alineación sobre aprobación.

Se manifestó en decir no a proyectos que no honraban mi energía. En soltar personas que solo amaban la versión pulida de mí. En confiar en mi propia voz—aunque temblara. En reír. En descansar. En viajar por el mundo sin disculpas. En dejar que la alegría regresara.

Fue entonces cuando entendí: la alineación no es algo que se gana. Es algo que se recuerda. Y se reclama. Una y otra vez.

El desaprendizaje

Esa reclamación vino con sus propias iniciaciones. Tuve que

soltar tanto—amistades que ya no reflejaban mis valores, roles que había superado, incluso la ilusión de estabilidad. Tuve que llorar a la versión de mí que había construido toda una vida orientada a la supervivencia y la estrategia.

Hubo temporadas de profunda soledad. Me convertí en ermitaña por elección. No porque estuviera rota—sino porque mi espíritu necesitaba quietud y silencio profundos para recalibrarse. No me estaba aislando. Me estaba incubando. Creando espacio para la mujer en la que me estaba convirtiendo.

Confiar en este proceso—lo desconocido, el silencio, el soltar—ese fue el verdadero currículo. Eso fue vivir en alineación.

La alineación es una práctica, no una actuación

La alineación se construye en el momento en que dices tu verdad, aunque tu voz tiemble. Se honra cuando descansas sin culpa. Se encarna cuando te alejas de lo que no se siente como hogar—aunque en el papel luzca perfecto.

Esta vida…este currículo sagrado de la Universidad Planeta Tierra…no te pide que lo hagas todo bien. Te pide que lo hagas real.

Vivir en alineación es convertirte en la versión más honesta de ti mismo. No la más agradable. No la más pulida. La más presente. La más conectado. La más *tú*.

Y cuando vives desde ese lugar, todo se alinea. No de inmediato. No siempre con comodidad. Pero sí con autenticidad.

No hay nada más magnético que un ser humano plenamente anclado en quién es.

Te conviertes en una invitación viviente

Este es el arte de vivir en alineación. Este es tu curso final. Y ya tienes todo lo que necesitas para aprobar.

Pero, al igual que en la vida, el aprendizaje nunca termina del todo. Cada día—cada capítulo—trae una nueva lección. La clase continúa. Y por suerte, ahora soy una estudiante mucho mejor—de hecho, me he convertido en tutora. Una guía. Una hipnoterapeuta acompañando a otros de regreso a sí mismos, tal como lo hice conmigo.

Quién sabe… tal vez hasta me anime a una maestría en verdad encarnada.

Una elección, una respiración, un sagrado sí a la vez.

Tú eres tu propio permiso.

Capítulo 11

Ejercicios de profundización e integración

Preguntas reflexivas: definiendo tu vida alineada

Para prepararte para esta práctica, encuentra un espacio tranquilo y sin interrupciones donde puedas sentirte seguro estando plenamente presente. Recuerda que este es un tiempo sagrado contigo mismo—un reencuentro, no una actuación. Quizás quieras usar un diario, hablar tus respuestas en voz alta o incluso grabarlas como notas de voz. No hay una forma correcta o incorrecta de hacerlo. Deja que tus respuestas fluyan de manera espontánea y honesta, sin sobrepensar. Escribe o habla libremente, permite las pausas, siente en tu cuerpo. Cuando termines, tómate un momento para releer o reflexionar sobre lo que compartiste: puede que notes nuevas capas de significado o verdades emocionales emergiendo a la superficie. Ahora, pregúntate:

1. ¿En qué parte de mi vida me siento más alineado en este momento?
2. ¿Dónde siento mayor disonancia entre quién soy en esencia y cómo me muestro?

3. ¿Qué señales me da mi cuerpo cuando estoy fuera de alineación?
4. ¿Qué creencias estoy listo para soltar con el fin de vivir más auténticamente?
5. ¿Cómo se vería vivir alineado en mi trabajo, en el amor, en el dinero y en mis elecciones diarias?

Ritual: auditoría de alineación

Para este ritual necesitarás: tu diario, un bolígrafo y un espacio sin interrupciones.

1. Traza una línea en el centro de una página en blanco.
2. Titula el lado izquierdo "Alineado" y el derecho "Fuera de Alineación."
3. Piensa en áreas concretas de tu vida - como la familia, la relación de pareja, el empleo, las finanzas, la salud o la espiritualidad - y comienza a listar en qué aspectos de tu vida sientes cada energía, sin juicio.
4. Pregúntate: "¿Qué haría falta para mover una cosa del lado derecho al izquierdo?"
5. Elige una de esas acciones o actividades recién alineadas—y comprométete a realizarla dentro de las próximas 24 horas.

Tu alineación no vive en los grandes momentos. Vive en tu próxima elección. Y en la siguiente después de esa. Sigue eligiendo. Sigue regresando a casa. Lo estás logrando.

La alineación no es una meta que alcanzar—es una verdad que recordar. Cada día, estás regresando a ti.

Capítulo 12

Viviendo la espiral: cuando el crecimiento no es lineal

La sanación no sucede en líneas rectas. No es una escalera. Es una espiral.

No es que simplemente "superes" algo. Es que te mueves hacia adentro. Regresas a los mismos temas, a las mismas heridas, a las mismas historias—pero cada vez desde un nivel distinto de conciencia. Llegas diferente, con más verdad en los huesos, con más ternura en el corazón.

Al principio puede sentirse frustrante. Como decir: "*¿En serio? ¿Otra vez con esto?*". Pero luego te das cuenta… esto no es un fracaso. Es refinamiento. Es la espiral de la evolución.

Sanando en ciclos, no en líneas de tiempo.

Hubo tantos momentos en los que pensé que ya había "sanado" algo, solo para tropezar de nuevo con ello cuando la vida se ponía más ruidosa. Pero yo ya no era la misma mujer. La versión de mí que regresaba a esas heridas era más sabia. Más suave. Más honesta. Más dispuesto a sentarse con la incomodidad sin convertirla en prueba de que estaba rota.

Vivir en la espiral significa honrar las capas—no apresurarse a arrancarlas, sino aprender de cada una mientras se revela.

Significa reconocer que los detonantes no son enemigos; son invitaciones que nos llaman a ir más profundo en nosotras mismos.

Las lágrimas no son señal de debilidad—son umbrales sagrados, portales hacia la verdad que vive debajo de la superficie. Las crisis se convierten en maestros inesperados, trayendo claridad, rendición y crecimiento.

Y cuando los viejos patrones reaparecen, no quiere decir que hemos fallado—quiere decir que estamos listos para recibir esas lecciones con más presencia, más suavidad y más verdad que nunca.

Hubo un tiempo en que me vi girando en círculos, atrapada en ciclos repetitivos. Ahora entiendo que, en realidad, estaba en espiral—hacia adentro, hacia arriba, más profundo.

Un día que lo cambió todo

Jamás olvidaré el 28 de marzo de 2025—el día en que lo entregué todo de vuelta.

Estaba en una sesión de acupuntura con alguien que había conocido en Egipto—una conexión de alma, una sanadora poderosa. No esperaba que ocurriera algo profundo. Pero la sanación no pide permiso: llega cuando estás listo.

Colocó agujas a lo largo de mi cuerpo, y todo estaba en calma—hasta que tocó un punto en la parte superior de mi brazo derecho. Un dolor agudo, profundo hasta el alma, me atravesó. Ese es el lenguaje del cuerpo: nunca miente. Cuando duele así, escuchas.

Ella sostuvo el espacio mientras yo me dejaba caer adentro. Mi tercer ojo se abrió, y de pronto tuve una visión: un guerrero ensangrentado, intenso, pesado. Empuñando una espada. El masculino herido dentro de mí—sobre compensando, sobreprotegiendo, exhausto.

Respiré. Lloré. Lo solté.

Luego se movió al mismo punto en mi brazo izquierdo.
Esta vez, otra visión: una sacerdotisa druida radiante—silenciada, reprimida, anhelando levantarse y hablar su verdad.
También lloré por ella.
La liberé.
La dejé ser libre.

Rompiendo el contrato

Entonces algo cambió.
Algo más grande que yo.

Sentí el peso completo de todo lo que había cargado—no solo mis propias heridas, sino también las ancestrales.
Los patrones kármicos. La presión de sanarlo todo. De ser la que rompiera cada cadena.

Y escuché a mi alma decirme: **"Ya hiciste suficiente. Ahora puedes soltarlo."** Así que lo hice.

Susurré una oración de liberación: *Gracias a mis ancestros. A cada vida pasada. Les honro. Les veo. Les suelto. Se los devuelvo todo—con amor y reverencia.* Ese fue el día en que rompí el contrato. Ese fue el día en que elegí ir en espiral hacia adelante—no al servicio del pasado, sino en devoción al presente.

Lo que me ha enseñado la espiral

La espiral no es solo una metáfora—es una forma geométrica sagrada, presente en ciclos evolutivos y encontrada en todas partes de la naturaleza: en las galaxias, las conchas marinas, el remolino de los sistemas climáticos y la hélice de nuestro ADN.
Refleja cómo crecemos—no en líneas rectas, sino a través de ciclos sagrados de retorno.

La sanación no sigue un camino lineal. Fluye en espirales. No porque estés roto. Sino porque estás listo para encontrarte de nuevo—más plenamente.

Revisitarás viejas heridas. Sentirás emociones familiares. Quizás susurres: *"¿Acaso no había sanado esto ya?"*—pero la versión de ti que pregunta no es la misma que lo vivió por primera vez.

Esta vez, algo es distinto. Sientes más hondo. Te ablandas más pronto. Eliges más verdad. Permaneces presente—sin abandonarte.

Esa es la espiral. No regresión. Refinamiento.

Cada retorno ofrece una nueva perspectiva. Cada ciclo invita a una versión más sabia, más tierna de ti misma, que sigue avanzando. Es como subir una escalera en espiral—puedes pasar por la misma vista otra vez, pero desde una nueva altura, con una nueva comprensión.

Así que, cuando regresen las lágrimas, cuando reaparezca el viejo patrón—no te castigues. Honra la espiral.

Significa que aún sigues en el currículo sagrado. Aún sigues convirtiéndote. Aún sigues recordando.

Vivir en la espiral significa que ya no persigo la perfección. Hablo de progreso—aunque parezca quietud. Observo los patrones—no con vergüenza, sino con curiosidad. Revisito viejas heridas—no porque haya fallado, sino porque estoy lista para recibirlas como la mujer que soy hoy.

Esto no se trata de arreglar. Se trata de recordar. Una y otra vez.

Así que, la próxima vez que resurja una vieja historia… no la juzgues. Sé testigo. Recíbela.

Y pregúntate: "¿Qué versión de mí está siendo invitado a salir ahora?" Esa es la espiral. Ese es el currículo.
Ese es el arte de vivir en alineación.

Y cuando el espiral vuelva hacia ti—ya estarás listo.

Capítulo 12

Ejercicios de profundización e integración

Preguntas reflexivas: presenciando tu espiral sagrada

Para preparar esta práctica, busca un espacio tranquilo, sin interrupciones, donde te sientas seguro para estar plenamente presente. Recuerda que este es un tiempo sagrado contigo mismo—una reunión, no una actuación. Quizás quieras usar un diario, hablar tus respuestas en voz alta, o incluso grabarlas como notas de voz. No hay una manera correcta o incorrecta de hacerlo. Deja que tus respuestas fluyan espontáneamente y con honestidad, sin sobrepensar. Escribe o habla libremente, permite las pausas, siente tu cuerpo. Cuando termines, tómate un momento para releer o reflexionar sobre lo que compartiste: puede que descubras nuevas capas de significado o verdades emocionales emergiendo a la superficie. Ahora, pregúntate:

1. ¿De qué maneras mi camino de sanación ha sido no lineal?

2. ¿Qué temas o patrones me encuentro repitiendo—una y otra vez?
3. ¿Me juzgo por regresar a cosas que pensé que ya había "sanado"? ¿Y si esto fuera en realidad evidencia de una maestría más profunda?
4. ¿Cómo ha cambiado mi comprensión de estos patrones con el tiempo?
5. ¿Qué lección o regalo estoy reclamando con más profundidad en este retorno?
6. ¿Qué parte de mí está regresando a casa ahora?

Práctica corporal de la espiral

Este hermoso ritual somático puede realizarse ya sea de pie, sentado en una silla, o en el suelo.

1. Cierra los ojos. Coloca una mano sobre tu corazón y otra sobre tu vientre o abdomen.
2. Comienza a rotar tu cuerpo lentamente en un movimiento espiralado—suave, intuitivo. Deja que tu torso se mueva en círculos tan pequeños o grandes como lo sientas.
3. Con cada círculo, repite en silencio o en voz alta: *"Honro la espiral. Confío en mi retorno. Me elevo de nuevo—más sabio, más suave, más claro."*
4. Completa al menos cinco espirales lentas antes de cambiar de dirección.

5. Al terminar, descansa en quietud. Siente la energía en tu cuerpo. Ancla con una respiración.

Mapa espiral del retorno

Considera dibujar tu viaje en espiral como un mapa visual de retorno. Puedes usar este ejercicio en tu diario, cuaderno de bocetos, o imprimir la plantilla incluida en el Apéndice 3. Empieza en el centro—tu punto de origen. Cada vuelta hacia afuera representa una temporada, un cambio, o un regreso a un patrón con nueva conciencia.

Etiqueta los bucles con:

- Lo que emergió (emoción, historia, detonante)
- Lo que aprendiste o recordaste
- Una frase o frecuencia que reclamaste

Deja que este mapa te recuerde: La sanación no es una línea recta. No estás volviendo al inicio. Estás ascendiendo en anillos de un saber cada vez más refinado.

Capítulo 13

Liderazgo incorporado: el arte de vivir alineado

Vivir alineada no se trata de perfección. Se trata de presencia. De esa presencia que llena un espacio en silencio y lo transforma todo—no porque grite, sino porque es auténtica. Se trata de regresar a ti una y otra vez—especialmente cuando el mundo intenta halarte en todas direcciones menos hacia la tuya.

Llega un momento en el camino de sanación donde el trabajo se expande hacia afuera. No porque hayas "llegado", sino porque has integrado lo suficiente como para sostener también a otros.

Esto no va de ser perfecta. Va de estar presente. A esto le llamo **liderazgo encarnado**.

El verdadero liderazgo no exige que lo exalten o lo celebren. Irradia en silencio—con constancia, con verdad, con la forma en que te muestras incluso cuando nadie te está mirando. Se edifica en integridad, no en imagen. En resonancia, no en actuación.

Hubo un tiempo en el que yo lideraba desde la supervivencia—desde la máscara, desde la fuerza, desde la necesidad de demostrar. Hoy, lidero desde la quietud. Desde la presencia. Desde la verdad.

El liderazgo empoderado significa que ya no delegas tu saber. Hablas cuando algo te mueve, no solo para ser escuchado. Marcas la pauta siendo la pauta. Hago lo que tengo que hacer sin necesitar aplausos. Recuerdo que la manera en que vivo es la medicina.

No se trata de un título. Ni de una plataforma. Ni de cuántos seguidores tengas. Se trata de cuánto te has encontrado contigo mismo—y de cuán dispuesto estás a encontrarte con otros desde ese mismo lugar.

El primer sí sagrado

Yo nunca me propuse ser guía. Pero cuando haces el trabajo, cuando caminas la espiral, cuando regresas a tu cuerpo, a tu verdad, a tu alma—la gente lo siente. Reconocen algo en ti. Y, eventualmente, te preguntan: **"¿Cómo lo hiciste?"**

Ese es el momento en que sabes que ha llegado la hora de enseñar y acompañar. No desde un pedestal—sino desde la espiral. Desde las heridas que has tocado y la sabiduría que recibiste. Desde la encarnación de tu propio currículo. Porque cuando te conviertes en una transmisión viva de tu verdad—le das permiso a otros de hacer lo mismo. Ese fue el instante en que dije mi primer sí sagrado.

No a un rol. No a una actuación. Sino a ser vista—en mi plenitud, en mi humanidad, en mi presencia.

Desempeño vs. presencia

Este mundo no necesita más influenciadores. Necesita iniciadores. Guías que ya caminaron por su propio fuego—y ahora cargan agua para la próxima ola. Eso es lo que me he convertido: una tutora en la Universidad del Planeta Tierra. No porque ya terminé—sino porque he recordado lo suficiente como para ayudar a otros a recordar también. El desempeño me enseñó a ser querida. La alineación me enseñó a ser amada—por quien realmente soy.

Anclada. Dispuesto. Lista.

Así que, si sientes el llamado a liderar, pero dudas si ya estás listo—Que esto sea tu señal: No tienes que ser perfecto. Solo tienes que ser honesto.

Anclado.
Dispuesto.

Cada límite, cada pausa, cada verdad se convirtieron en parte de mi "sí." Como ese momento en que dejé de demostrar y entré en la presencia—cuando entendí que ser honesta con mi propia espiral, con mi propia sanación, era lo que les daba a otros el valor de hacer lo mismo. Ese fue el instante en que me convertí en líder sin necesidad de un título.

Porque ese es el tipo de liderazgo que transforma vidas. Ese es el que crea ondas. Ese es el que construye mundos nuevos. Y para mí, esa onda comenzó el día en que decidí liderar desde la encarnación—no desde el ego—y asumí por completo mi rol como tutora en la Universidad del Planeta Tierra.

Desde adentro.
Desde la verdad.
Desde el núcleo de mi ser.

Porque, al final, el liderazgo encarnado no se gana—se recuerda.

Un paso. Una respiración. Un sí sagrado a la vez.

Capítulo 13

Ejercicios de profundización e integración

Preguntas reflexivas: liderazgo encarnado

Para prepararte para esta práctica, busca un espacio tranquilo, sin interrupciones, donde te sientas a salvo para estar plenamente presente. Recuerda que este es un tiempo sagrado contigo mismo—un reencuentro, no una actuación. Puedes usar un diario, hablar tus respuestas en voz alta o incluso grabarlas como notas de voz. No existe una manera correcta o incorrecta de hacerlo. Deja que tus respuestas fluyan espontáneas y honestas, sin sobrepensar. Escribe o habla libremente, permite las pausas, siente tu cuerpo. Al terminar, date un momento para releer o reflexionar sobre lo que compartiste: quizá descubras nuevas capas de significado o verdades emocionales emergiendo. Ahora, pregúntate:

1. ¿Qué significa para mí el liderazgo encarnado?
2. ¿En qué áreas de mi vida estoy liderando desde la alineación? ¿Dónde aún estoy actuando desde la máscara?

3. ¿Qué patrones o personajes he dejado atrás al entrar en mi verdad?
4. ¿Cuándo me siento más enraizado en mi propia autoridad?
5. ¿Cómo se siente en mi cuerpo liderar desde la verdad y no desde el miedo?
6. ¿Qué tipo de líder estoy llegando a ser—y quién ya no estoy dispuesto a ser?
7. ¿Cómo espero que otros se sientan en mi presencia? ¿Qué cualidades deseo apoyar, transmitir, inspirar?

Ritual de integración corporal: el líder interior

Este ritual te ayudará a invocar y nutrir tu liderazgo auténtico.

1. Ponte de pie con firmeza. Cierra los ojos.
   Siente tus pies plantados firmes sobre la tierra.
   Inhala profundo por la nariz. Exhala de manera audible por la boca, como diciendo *"ahhh."*
2. Coloca ambas palmas sobre tu corazón y di en voz alta:
   "Estoy aquí. Estoy listo. Yo soy el que he estado esperando."
3. Repite esto tres veces—cada vez más fuerte, más claro y seguro.
4. Abre los ojos. Si puedes, mírate en un espejo. Sostén tu propia mirada con suavidad y ternura. Pronuncia tu

nombre, y luego declara con poder:
"[Tu Nombre], confío en ti, y ahora te sigo."
Deja que este sea el pacto de tu alma para levantarse.

Práctica de visualización del liderazgo

Esta es una conversación sagrada con tu Ser Superior. Puedes escribirla o hablarla, dejando que las palabras intuitivas fluyan a través de ti tal como llegan.

Para empezar, invoca a tu Ser Superior:
"Querido Ser Superior, muéstrame el líder en el que me estoy convirtiendo. Déjame sentirlo. Déjame encontrarlo. ¿Qué cualidades encarnó? ¿Qué frecuencia irradio? ¿Cómo sirvo? ¿Cómo hablo? ¿Cómo me muevo en el mundo?"

Permite que la respuesta fluya—sin filtros ni ediciones. Puede sorprenderte lo que surja. Guárdalo. Ponle fecha. Regresa ahí cuando la duda te visite.

Sello Energético: El Verdadero Trabajo Comienza Aquí

Has caminado por el currículo.
Has encontrado la espiral.
Has sentido los bordes de tu propio devenir.
Has recordado quién eres—y quién ya no eres.

Ahora llega la parte más sagrada:
Vivirlo.

No por aprobación.
No por espectáculo.
Sino porque tu alma dice sí.

No viniste a camuflarte.
Viniste a ser una transmisión viviente de la verdad.
A decir lo que otros callan.
A sentir lo que otros anestesian.
A elegir la alineación—aunque te cueste la comodidad.

Esto es liderazgo.
Esto es encarnación.
Esto es tu medicina.

Y la estamos esperando.

No vinimos a actuar la sanación.

Vinimos a vivirla—para que otros recuerden que ellos también pueden.

Epílogo

La Ceremonia de Convertirse: Un Retorno a la Plenitud

Si has llegado hasta aquí, entonces has caminado conmigo—a través del dolor, la alegría, el desorden, la claridad, el deshacer y el renacer.

Has tomado las clases que nadie enseña—esas donde las lecciones se esconden en la ruptura del corazón, en los desvíos, en las sincronicidades y en la rabia sagrada.

Esto nunca se trató de graduarse del dolor. Se trató de recordar tu plenitud.

No recibimos un diploma por despertar. Pero sí recibimos una nueva forma de vivir—más honesta, más encarnada, más alineada.

No "llegamos" en este camino. Regresamos, una y otra vez, al lugar en el que siempre estuvimos destinados a estar:
Nosotros mismos.

Así que, un brindis por ti: Por tu programa sagrado. Por tu niño interior.
Por tu yo salvaje. Por tu yo superior. Por la versión de ti que

eligió venir a la Tierra, sabiendo que sería densa, y aun así dijo que sí.

Que nunca más te abandones. Que vivas tu verdad sin disculpas. Que camines tu senda con valentía, incluso cuando la camines en soledad. Que te conviertas en la versión de ti mismo que tu alma recuerda.

Y cuando llegue la próxima lección, como siempre sucede—que la recibas con curiosidad. No porque necesites arreglarte. Sino porque eres un estudiante de las estrellas. Un guardián de la sabiduría ancestral. Un tutor en el salón de clases del devenir.

No estás atrasado. No llegas tarde. Estás justo a tiempo.

Esto no es el final. Este es tu comienzo.

Ahora ve y vívelo.
Plenamente.
Honestamente.
Mágicamente.

Con amor,
Jessica

La Ceremonia del Ser: Regreso a la Plenitud

Respira.
Coloca tus manos sobre tu corazón.
Siente tus pies en la Tierra.
Estás aquí.

Has caminado a través del fuego.
Has llorado océanos.
Has danzado con las sombras.
Has recordado tu luz.

En este momento, eres entero.
No porque hayas terminado—
sino porque estás dispuesto.
Dispuesto a estar presente.
Dispuesto a sentir.
Dispuesto a recordar.

Así, invocamos la presencia de tu ser más elevado—
esa versión de ti que siempre supo.
La que nunca se perdió.
La que camina contigo en cada respiro.

Honramos la Tierra bajo tus pies,

el Cielo sobre tu cabeza,
los guías que te rodean,
y el alma que vive en ti.

Repite en voz alta o en tu corazón:

"Ya no soy quien fui.
Estoy convirtiéndome en quien nací para ser.
Recuerdo.
Regreso.
Me elevo."

No estás roto.
Estás floreciendo.
Y este es tu sagrado devenir.
Esta es tu Universidad Planeta Tierra.

Apéndices

Apéndice 1: mapa de la conciencia

Este mapa, originalmente desarrollado por el Dr. David R. Hawkins, ofrece un marco para comprender la frecuencia energética y el matiz emocional asociados a los distintos estados de conciencia. No es una jerarquía de valor, sino un espejo sagrado para la reflexión, el crecimiento y la encarnación de la verdad. Úsalo con suavidad. Permite que hable a tu conciencia interior—no a tu ego.

Lo que encontrarás a continuación es una versión simplificada, en blanco y negro, adaptada a los requisitos de impresión de este libro.

Para acceder a una versión ampliada y en color—que incluye explicaciones más profundas de cada nivel, ejemplos de la vida real y herramientas adicionales para la integración—por favor consulta las obras publicadas del Dr. Hawkins, enumeradas en la sección de Recursos.

Nivel	Calibración	Emoción	Visión de la Vida
Iluminación	700–1000	Inefable	Es
Paz	600	Dicha	Perfecta
Alegría	540	Serenidad	Completa
Amor	500	Veneración	Benigna
Razón	400	Comprensión	Significativa
Aceptación	350	Perdón	Armoniosa
Entusiasmo	310	Optimismo	Esperanzadora
Neutralismo	250	Confianza	Satisfactoria
Coraje	200	Afirmación	Consentimiento
Orgullo	175	Desprecio	Demandante
Enojo	150	Odio	Antagonista
Deseo	125	Anhelo	Decepcionante
Miedo	100	Ansiedad	Atemorizante
Pena	75	Arrepentimiento	Trágica
Apatía	50	Desesperación	Desesperanzadora
Culpa	30	Culpa	Maligna
Vergüenza	20	Humillación	Miserable

Una exploración más detallada de este marco, incluyendo gráficos a color y perspectivas más profundas, se puede encontrar en estos libros de Dr. David R. Hawkins:

Power vs. Force, Transcending the Levels of Consciousness, Letting Go: The Pathway of Surrender y El Poder Contra la Fuerza: Los determinantes ocultos del comportamiento humano.

Apéndice 2: registro de cambio de conciencia

Práctica Sagrada de Elevación Emocional

Utiliza esta página como un ritual sagrado de autoobservación—un espacio para presenciar y acompañar tu propia evolución emocional. Complétala cada vez que sientas el llamado. Que este sea tu lugar de reflexión, compasión y transformación consciente.

Fecha:

____

Desencadenante / (¿Qué sucedió? ¿Qué despertó algo en ti?)

____

____

____

____

Emoción que sentí:
(Sé honesto/a. Nómbrala sin vergüenza ni explicación.)

____

____

Dónde lo sentí en mi cuerpo:

____

____

Estimado de Calibración (Del Mapa de Consciencia):

___

___

Qué Necesito en este Momento:

___

___

___

Emoción o Calibración Que Escojo para Ascender:

___

___

Práctica que Utilicé para Apoyar el Cambio:

___

___

___

Perspectiva o Mensaje que Recibí:

___

___

___

___

Apéndice 3: mapa de reflexión de la espiral

Usa esta espiral como una herramienta para seguir visualmente tu viaje de sanación. Cada vuelta hacia afuera puede representar una nueva capa de crecimiento, una temporada emocional o un regreso a un viejo patrón con mayor conciencia. Deja que este sea un espacio donde atestigües tu propia evolución—no como repetición, sino como un retorno sagrado.

(Puedes dibujar aquí una espiral manualmente o imprimir una para pegarla en este espacio)

Punto Central: Origen o Evento Clave

____

____

Vuelta 1:

Tema o Desencadenante:

____

Perspectiva o Lección:

____

Frase o Calibración Reclamada:

____

Vuelta 2:

Tema o Desencadenante:

____

Perspectiva o Lección:

____

Frase o Calibración Reclamada:

____

Vuelta 3:

Tema o Desencadenante:

____

Perspectiva o Lección:

____

Frase o Calibración Reclamada:

____

Vuelta 4:

Tema o Desencadenante:

____

Perspectiva o Lección:

____

Frase o Calibración Reclamada:

____

Vuelta 5:

Tema o Desencadenante:

____

Perspectiva o Lección:

____

Frase o Calibración Reclamada:

____

Vuelta 6:

Tema o Desencadenante:

____

Perspectiva o Lección:

____

Frase o Calibración Reclamada:

____

Recursos

A lo largo de este libro, he hecho referencia a varios métodos de sanación, sistemas terapéuticos y marcos de transformación que me han acompañado en mi camino de sanación y despertar. Los siguientes recursos se ofrecen para una exploración más profunda—no como doctrina, sino como invitaciones. Deja que tu intuición te guíe hacia lo que mejor apoye tu propio proceso único de florecimiento.

Diseño Humano

Un sistema que sintetiza astrología, el I Ching, la Cábala, los chakras y la mecánica cuántica para revelar tu plano energético único. Aprende cómo estás diseñado para tomar decisiones, usar tu energía e interactuar con el mundo.
Explora: www.jovianarchive.com

Eneagrama

Una poderosa herramienta para comprender patrones de personalidad centrales, fijaciones emocionales y caminos de crecimiento a nivel del alma. Los nueve tipos iluminan tanto la sombra como el potencial de nuestras motivaciones internas.
Explora: www.enneagraminstitute.com

Técnica de Hipnosis de Sanación Cuántica (QHHT)

Desarrollada por Dolores Cannon, QHHT guía a los clientes hacia un estado theta profundo para acceder a vidas pasadas y al Yo Superior, con fines de sanación, claridad y transformación.
Más información: www.qhhtofficial.com

Instituto de Hipnoterapia Interpersonal (IIH)

Una escuela con licencia estatal que ofrece formación integral en hipnoterapia clínica, transpersonal e interpersonal. En IIH recibí mis certificaciones y formación fundamental.
Explora: www.instituteofhypnotherapy.com

ESCANVI Services — Mi práctica privada

Ofrezco sesiones integradoras, con enfoque informado en trauma, para la recalibración emocional, la alineación energética y la sanación a nivel del alma. Mi enfoque combina hipnoterapia clínica, métodos transpersonales, medicina energética y guía intuitiva del alma para catalizar una transformación profunda y duradera.
Estas sesiones están diseñadas para quienes están listos para ir más allá de "sobrellevar" y entrar en su soberanía encarnada.

Sesiones principales incluyen:

– Reprogramación del subconsciente y reinicio del sistema nervioso
– Sanación del niño interior e integración emocional
– Respiración de renacimiento
– Sanación de vidas pasadas y ancestral

Reserva una sesión o conoce más:

www.escanviservices.com/services

El Blog "The Sovereign Frequency"

Reflexiones y transmisiones continuas sobre sanación, encarnación, verdad personal y evolución consciente. Aquí comparto lo que nadie nos enseñó—pero que cada alma está recordando.

Lee más: www.escanviservices.com/the-sovereign-frequency

Agradecimientos

A mis padres —
Gracias por amarme plenamente y de la mejor manera que pudieron. Su amor sembró semillas que en su momento no siempre entendí, pero que ahora comprendo. Y los honro por ello.

A mis hermanos — los de sangre y los que la vida me regaló. Gracias por caminar a mi lado en esta vida. Por las risas, las lecciones, los recordatorios de dónde vengo y de quién sigo convirtiéndome.

A mis maestros — sí, incluso a los exmaridos y a todo el elenco de personajes — Gracias por su papel en esta encarnación. Fueron parte del currículo. Me mostraron lo que necesitaba sanar, lo que debía soltar y lo que ya no estaba dispuesto a cargar.

A los guías — vistos e invisibles — Gracias por susurrar cuando dejé de escuchar, por sostenerme cuando caí de rodillas y por acompañarme de regreso a casa una y otra vez.

A las almas a las que he servido a través de este trabajo — Gracias por permitirme presenciar su recordatorio. Su transformacion profundizó la mía. Todos ustedes son parte de esta página.

A la vida —
Gracias por cada giro inesperado, portal, desamor y sincronía.
Has sido la mayor maestra de todas.

Al futuro elenco de personajes, ya alineados y esperando —
Aguardo su entrada y sus lecciones, entregadas a través del amor y la expansión.

Y a mí misma —
La que se quedó.
La que apareció cuando hubiera sido más fácil huir.
Ahora te veo. Te amo.
Eres libre.

Sobre la Autora

Jessica Meléndez es hipnoterapeuta, practicante de medicina energética y mentora de liderazgo consciente, comprometida a ayudar a otros a vivir en alineación con su verdad. Antes de dedicarse al trabajo transformacional, pasó más de dos décadas en ingeniería y liderazgo corporativo, dirigiendo proyectos multimillonarios en los sectores de construcción e infraestructura. Como Project Management Professional (PMP®) certificada, aporta precisión, pensamiento sistémico y estrategias fundamentadas a su práctica holística.

Nacida y criada en Puerto Rico, Jessica encarna la fiera suavidad de sus raíces, la claridad de la experiencia vivida y el fuego de una mujer que ha recordado quién es.

Su práctica privada combina hipnoterapia clínica, medicina energética y reprogramación subconsciente para apoyar la regulación emocional, el equilibrio del sistema nervioso y el liderazgo interior. Se especializa en ayudar a individuos de alto rendimiento y visionarios a liberar condicionamientos obsoletos y reconectar con su poder.

La escritura de Jessica está enraizada en la sabiduría vivida y en una claridad poética—una invitación a los lectores a habitar una forma de ser más soberana, auténtica y conectada con el alma.

Cuando no está guiando a clientes o escribiendo, se la puede encontrar explorando tierras ancestrales, contemplando atardeceres o creando sistemas que llevan sanación a las salas de juntas y aliento a los espacios desgastados por el agotamiento.

Mantengámonos Conectados

Si este libro te conmovió, te desafió o despertó algo dentro de ti, me encantaría saber de ti. Si estás listo para profundizar en tu camino y tu recordatorio interior, te invito a explorar sesiones de hipnoterapia, viajes guiados y medicina energética conmigo.

Visita: **www.escanviservices.com**

Sigue: **@escanviservices.jessica**

Deja una Reseña

Si este libro resonó contigo, por favor considera dejar una reseña en Amazon. Tus palabras ayudan a que otros encuentren este trabajo—y les recuerdan que no están solos en su camino.

Este no es un adiós—es el comienzo de un Tú más alineado. Y me siento honrada de caminar a tu lado en este sendero tan sagrado.

www.ingramcontent.com/pod-product-compliance
Lightning Source LLC
Chambersburg PA
CBHW021103130626
46554CB00002B/509

* 9 7 8 1 9 6 8 3 1 3 0 2 9 *